Danke

Danke an alle Radio Tirol HörerInnen, dass Sie mir seit dem Jahr 2000 jeden Freitag kurz nach elf Ihr Ohr leihen!

Danke an Christoph Rohrbacher, Programmchef von Radio Tirol. Seit Juni 2007 gestalten wir gemeinsam die Sendung „Xund kochen mit Angelika Kirchmaier". Es ist mir eine Ehre und ein Vergnügen, mit Dir zusammenarbeiten zu dürfen!

Danke an meine Familie!
Danke meinem Mann. Ich weiß es zu schätzen, dass Du als Vorkoster meine Rezeptkreationen über Dich ergehen lässt. Danke für Deine verbale und vor allem nonverbale Kritik.
Danke meiner 81-jährigen Mutter für die vielen interessanten Rezepte und Gesundheitstipps aus alten Zeiten, und danke meinem 84-jährigen Vater für die umfassenden Informationen von früher. Danke meinen Schwiegereltern für das Babysitting, wenn Not am Mann ist.
Danke meinem Schwager Walter für die umfangreiche Unterstützung in Sachen Materialien für das sehr aufwendige Fotoshooting.

Danke an meine Testkocher und Testesser!

Danke an mein Fototeam Thomas und Narelle Trinkl, Werner Koschnar sowie allen Fotoshooting-HelferInnen: Daniela, Astrid, Sabrina, Brigitte, Andrea, Georg, Verena, Sandra, Gitti … Ihr seid einfach super!

Angelika Kirchmaier

Gesunde Küche für jeden Tag

Tyrolia-Verlag · Innsbruck-Wien

Alle Angaben in diesem Buch wurden sorgfältig recherchiert und erfolgen nach bestem Wissen und Gewissen der Autorin. Sollten Sie trotzdem Unstimmigkeiten entdecken, nehmen Autorin und Verlag gerne Verbesserungsvorschläge und Korrekturhinweise entgegen. Die Benutzung dieses Buches geschieht auf eigenes Risiko. Eine Haftung für die Angaben wird aus keinem Rechtsgrund übernommen.

Bibliografische Information Der Deutschen Nationalbibliothek
Die Deutsche Nationalbibliothek verzeichnet diese Publikation in der Deutschen Nationalbibliografie; detaillierte bibliografische Daten sind im Internet unter http://dnb.d-nb.de abrufbar.

2. Auflage 2008
© Verlagsanstalt Tyrolia, Innsbruck
Umschlaggestaltung: Verlagsanstalt Tyrolia Innsbruck
Layout und digitale Gestaltung: Satzstudio HM, Hall in Tirol
Foto Seite 5: Echo Verlag
Fotos Seite 19, 21, 22, 24, 25, 28, 29, 31, 32, 35, 38, 39, 40, 42, 43, 44, 45, 51, 55, 56, 57, 61, 66, 69, 70, 73, 77, 78, 81, 92, 94, 101, 103, 105, 107, 109, 119, 121, 123, 128, 131, 132, 135, 136, 137, 149, 150, 155, 158, 161, 162, 163, 170, 172, 177, 178, 184, 186, 188, 191, 193, 199, 207, 209, 211, 214, 215, 247: Thomas Trinkl, tnt Fotodesign 6361 Hopfgarten
Grafische Gestaltung der Symbole: Helga Rabl
Druck und Bindung: Gorenjski-Tisk, Slowenien
ISBN 978-3-7022-2900-9
E-Mail: buchverlag@tyrolia.at
Internet: www.tyrolia-verlag.at

Zu diesem Buch

Ich esse gern. Sehr gern. Und ich liebe es zu kochen. Es macht mir Spaß, Neues auszuprobieren. Im Lauf der letzten Jahre habe ich ein ganzes Regal mit Kochbüchern zusammengetragen. Alle haben sie wunderbare, verführerische Rezepte. Die Kehrseite der Medaille sind ein nicht zu übersehendes Bäuchlein und erhöhte Blutfettwerte. Das nennen die Ärzte Risikofaktoren. Fettleibigkeit, Zuckerkrankheit und Herzinfarkt sind Folgen des lustvollen Lebenswandels, so warnt inzwischen jede Internetseite für gesunde Ernährung. Schon seit längerem suche ich eine Art „Eier legende Wollmilchsau", nämlich ein Kochbuch, das einerseits meinen Gaumen reizt, andererseits dem Wunsch nach einem langen und vor allem gesunden Leben Rechnung trägt.

Angelika Kirchmaier, die seit vielen Jahren die ORF Radio Tirol Ernährungstipps gestaltet, hat uns gezeigt, dass gesunde Ernährung nicht Verzicht bedeuten muss. Sie kennt zwar alle Fallen, in die der gesundheitsbewusste Anfänger tappt („Ich habe im Urlaub nur Salat gegessen" – „Und wie viel Olivenöl war dran?"). Sie weiß aber auch, welche Kraft sich in alltäglichen Lebensmitteln verbirgt („Haferkleie ist ein Cholesterinbinder"). Da hat sie mich immer wieder zum Staunen gebracht.

Das wahrhaft Bemerkenswerte aber ist, wie sie aus dem Fundus ihres Wissens Lebensmittel wirksam verknüpft („Preiselbeeren zum Wiener Schnitzel bewirken, dass das Eisen besser aufgenommen, ein Teil des Cholesterins gebunden und die schlechten Stoffe vom Herausbacken abgeschwächt werden").

Eine gesunde Küche muss nicht geschmacklos sein. Sie muss nur gekonnt und, wie in diesem Fall, mit Wissen gestaltet sein. Dann darf Essen wieder Spaß machen. Ich wünsche guten Appetit – oder besser gesagt: Genießen Sie mit dem Bewusstsein, ihrem Körper etwas Gutes zu tun!

Christoph Rohrbacher
Programmchef ORF Radio Tirol

Geleitwort

Die Zeit, die wir für die Zubereitung von Essen verwenden, wird immer knapper. Fertig- und Halbfertigprodukte haben Einzug in unsere Küchen gehalten.

Aus gesundheitlicher Sicht sind diese Speisen aber meist zu fett, zu stark gesalzen und zu kalorienreich. Dies hat oft negative Folgen für unsere Gesundheit. Die Entstehung vieler Zivilisationskrankheiten wie Diabetes mellitus, Fettstoffwechselstörungen, Gicht usw. werden durch ungesundes Essverhalten gefördert.

Gerade deshalb sollten wir wieder vermehrt Wert auf gesundes Essen und Trinken legen.

Die Rezepte in diesem Buch sind leicht und unaufwendig nachzukochen. Besonderer Wert wurde auf eine ausgewogene und abwechslungsreiche Lebensmittelauswahl gelegt. Das bemerkenswerte an diesem Buch ist auch, dass die Rezepte „alle Stücke spielen", indem jedes Rezept für verschiedenste Diätformen abgewandelt werden kann.

Zahlreiche Tipps und Tricks zum Verfeinern und Verändern der Rezepte machen Lust darauf, sofort mit dem Kochen zu beginnen.

Mit diesem Buch gelingt es der Autorin Angelika Kirchmaier sicherlich, zum Gesundheitsbewusstsein der Tiroler Bevölkerung beizutragen.

Mit besten Grüßen
LHStv. Elisabeth Zanon

G'sunden Appetit!

Ein Kochbuch zu verfassen, das sprichwörtlich „alle Stücke spielt", ist keine einfache Aufgabe, sondern verlangt sehr viel Professionalität. Vor allem dann, wenn es – wie bei diesem Buch – nicht nur um „gesunde Ernährung" geht, sondern auch darum, verschiedenste kulinarische und diätetische Bedürfnisse zu berücksichtigen.

Der Autorin Angelika Kirchmaier ist es gelungen, die heimische, regionale Küche mit gesundheitsfördernden Aspekten zu versehen und somit für „jedermann" schmackhaft zu machen. Dieses Buch ist für Singles ebenso geeignet wie für Familien und berücksichtigt zusätzlich noch diätetische Besonderheiten.

Gerade die gesunde Ernährung hat in den letzten Jahren zunehmend mehr an Bedeutung gewonnen. Sowohl in der Prävention als auch in der Therapie von verschiedensten Erkrankungen spielt die richtige Ernährung und Diätetik eine zentrale Rolle. Richtige Ernährung verlangt aber auch Kompetenz – und diese Kompetenz ist durch den Beruf der Diaetologen eindeutig gegeben. Diese Berufsgruppe ist prädestiniert, hohe wissenschaftliche Erkenntnisse in eine einfache Sprache zu bringen und somit den Betroffenen eine wichtige Hilfestellung zu geben.

Dieses Buch zeigt Ihnen, wie Sie gesund und trotzdem schmackhaft und genussvoll essen und trinken können.

Viel Spaß beim Lesen und Ausprobieren der Rezepte!

Andrea Hofbauer
Vorsitzende Verband der Diaetologen Österreichs

Vorwort

Um Energie aus dem Kochtopf zu tanken, müssen Sie weder Spitzenkoch sein noch das halbe Leben in der Küche verbringen.

Als berufstätige Mama weiß ich, wie kostbar die Zeit ist. Deshalb finden Sie in diesem Buch eine Reihe von einfachen und schnellen Gerichten, die sich für die Werktagsküche eignen. Viele davon lassen sich auch vorbereiten. Das Besondere an den Gerichten ist, dass die Zutaten so kombiniert sind, dass sie sich im Sinne von Wertsteigerung der Inhaltsstoffe und Ausgleich von weniger guten Inhaltsstoffen ergänzen und so jedes Gericht zu ihrer Gesundheit beiträgt. Die Koch-, Gesundheits- und Zeitspartipps dienen als Hintergrundinformation zu den Gerichten.

Alle Rezepte wurden von mir kreiert, Probe gekocht und von Testkochern und Testessern sowohl Probe gekocht als auch verkostet. Die Ideen für die Rezepte stammen zum Beispiel aus alt überlieferten Rezepten, aus Rezepten von Freunden und Bekannten oder aus „Blitzideen", die zum Beispiel in der Nacht – deshalb liegen bei mir immer Stift und Zettel im Nachtkästchen – entstehen.

Viele dieser Rezepte wurden in der wöchentlichen Radio Tirol Sendung „Xund kochen mit Angelika Kirchmaier und Christoph Rohrbacher" vorgestellt.

Ein Wort zu den Fotos in diesem Kochbuch: Die Gerichte für super aufgemachte Hochglanzbilder in Kochbüchern werden oft mit Farbe, Lacken und anderen Hilfsmitteln behandelt und sind danach ungenießbar. Anders unsere Gerichte: Sie sind auch auf den Fotos Natur pur. Keine Farbe, keine Chemie, alles original. So war das Fotoshooting ein Fest – nach dem Arbeiten haben wir alles aufgegessen.

In diesem Sinn wünsche ich auch Ihnen einen guten Appetit! Es würde mich freuen, wenn das eine oder andere Rezept ein Leibgericht von Ihnen oder Ihrer Familie wird und dieses Buch ein besonderes Plätzchen in Ihrer „Xundheitsküche" bekommt.

Angelika Kirchmaier

Inhaltsverzeichnis

Gesund essen – ja!
Aber wie?

➤ *Das 3 x 3 der gesunden Ernährung*

➤ *Leitfaden zu den Rezepten*

➤ *Abkürzungen und Symbole*

➤ *So bleiben die Vitamine im Essen*

➤ *Saisonkalender für Obst und Gemüse*

Das 3 x 3 der gesunden Ernährung

Täglich mindestens drei Portionen Obst, Gemüse und Getreideprodukte, drei mal täglich Milchprodukte und drei Löffel Öl und drei mal in der Woche Fisch, Fleisch und Eier, dann bekommen Sie alle Vitamine, Mineralien und was Sie sonst noch an lebenswichtigen Stoffen brauchen.

Drei Faktoren bestimmen die Qualität eines Lebensmittels:

1. Herkunft: „Wo, wann und wie es wächst, so wirkt es!"
Mein Tipp: Kaufen Sie heimische Bio-Ware, je nach Saison. Ziehen Sie konventionelle Lebensmittel aus der Region den weit gereisten vergleichbaren Bio-Produkten vor. Fragen Sie bei tierischen Produkten beim Hersteller nach, welches Futter verfüttert wird – Gras ist sehr gut, Kraft- und Mastfutter, und da allen voran der Mais, weniger gut. Achten Sie, wie bei allen Lebensmitteln, auf Frische und bei verarbeiteten Produkten auf einen guten Mix der Rohzutaten.

2. Dosis: „Die Dosis macht das Gift!"
Genießen Sie in Maßen, das gilt für alle Lebensmittel, auch für die gesunden!

3. Kombination der Lebensmittel: „Auf das Miteinander kommt es an!"
Wenn Sie die Lebensmittel gezielt kombinieren, können Sie jeweils das Beste aus den einzelnen Zutaten herausholen. Die optimale Wirkstoffkombination ist eine eigene Wissenschaft, die hochinteressant ist und mich schon seit vielen Jahren fasziniert. Da es so viele Kombinations-Ineinanderspieler und -Gegenspieler gibt, ist es nicht möglich, mit ein paar einfachen Faustregeln das Thema abzudecken; deshalb habe ich Ihnen bei den Rezepten in diesem Buch diese Arbeit abgenommen. Alle in den Rezepten verwendeten Lebensmittel sind optimal kombiniert.

Leitfaden zu den Rezepten

Alle Rezepte fördern Ihre **Gesundheit und schlanke Linie** und wirken unter-
stützend bei der Behandlung von
- erhöhtem Cholesterinspiegel
- Gicht
- Rheuma
- Verstopfung
- Diabetes mellitus
- Zöliakie, Sprue
- Weizenallergie

Ei- und **Milchallergiker** finden Symbole für Gerichte ohne Ei und Milch

- ⊠ milchfrei
- ⊗ eifrei

Durch ein entsprechendes **Farbleitsystem** können alle Rezepte an die speziellen
Bedürfnisse von **Zöliakie** und **Diabetes mellitus** angepasst werden: Alle
Zutaten, die Zöliakie-Betroffene meiden müssen, sind **braun** gekennzeichnet. Sie
werden durch ebenfalls **braun gekennzeichnete Austauschlebensmittel**
ersetzt (siehe auch Hinweise auf Seite 233ff.).
Alle Zutaten, die Diabetiker meiden sollen, werden **pinkfarben** gekennzeichnet.
Sie werden durch ebenfalls **pinkfarben gekennzeichnete Lebensmittel**
ersetzt (siehe auch Hinweise auf Seite 220ff.).

Nährwertangaben und Portionsgrößen
Die Rezepte bestehen aus einfachen Zutaten, sind auch für Ungeübte leicht nachzukochen und eignen sich für gesundheitsbewusste Genießer genauso gut wie für alle,
die krankheitsbedingt auf bestimmte Inhaltsstoffe verzichten müssen. Da ich in den
letzten Jahren immer nach Gerichten mit üppiger **Portionsgröße** bei geringem
Kaloriengehalt gefragt wurde, sind fast alle Rezepte nach dem Motto „Abnehmen
mit Riesenportionen" gestaltet. Für schwache Esser reicht meist die halbe Menge.

Die berechneten Rezepte enthalten die errechneten Werte zu Kalorien, Eiweiß, Fett, Kohlenhydraten und BE, also Broteinheiten. Da die Lebensmittelinhaltsstoffe natürlichen Schwankungen unterliegen, abhängig von z. B. Sorte, Reifegrad, Wachstumsbedingungen oder Wetterlage, darf die **Nährwertberechnung nur als Richtwert** angesehen werden. Besonders Diabetiker müssen dies beachten! Gerichte, bei denen die Berechnung aufgrund von großen Schwankungen in den Zutaten sehr fehlerhaft wäre, wurden nicht berechnet.

Weichen die Nährwertangaben der Rezeptvarianten für Diabetiker vom Standardrezept ab, werden die entspechenden Nährwertangaben in einer eigenen, mit der entsprechenden Farbe gekennzeichneten Tabelle angegeben. Die Nährwerttabellen für die **Diabetiker-Variante** ist also **pinkfarben** unterlegt, auf die Darstellung der Zöliakie-Variante wurde verzichtet, weil sich die Nährwerte in der Regel nur geringfügig vom Standardrezept unterscheiden.
Die Nährwerte wurden mit dem Programm Diät Professionell DIÄT 2000, Version 2005, berechnet.

Für die Berechnung der Rezepte wurde **vollfetter Käse** herangezogen, dies entspricht einem Fettanteil von 45 %. Warum? Weil nicht nur der Fettgehalt eine Rolle spielt, sondern vor allem die **Fettzusammensetzung** entscheidend ist , ob sich das Fett gleich auf den Hüften ansiedelt oder andere Funktionen im Körper erfüllt. Fett ist also nicht gleich Fett. Milchprodukte von Tieren, die mit hochwertigem Futter, z. B. mit Gras und Heu und mit so wenig Mais, Getreide oder anderem aufputschenden Kraftfutter wie möglich, gefüttert werden, enthalten viele gesunde Fette, die Ihrer Gesundheit und Figur nur dann schaden, wenn Sie es zu gut damit meinen. Für die Zubereitung der Gerichte empfehle ich Ihnen, ausschließlich hochwertige Milchprodukte zu verwenden. Wie bei allem gilt auch hier: „Die Dosis macht das Gift!" Wenig ist gesund, zu viel nicht! Wenn Sie zusätzlich Kalorien sparen möchten, dann verwenden Sie Magerkäse.

Bedenken Sie, dass bei erhöhtem **Cholesterinspiegel, Gicht** und **Rheuma** die Herkunft der Lebensmittel und das optimale Zusammenspiel der Zutaten viel bedeutender ist als z. B. der Cholesteringehalt der Speise; deshalb wurde auf Angaben, wie z. B. des Cholesteringehalts, verzichtet.

Beispiel:

Variante 1: Grillkotelett mit Semmel und Ketchup

Variante 2: Grillkotelett mit Vollkornsemmel, Senf, Kren und Endiviensalat

Der Choleringehalt beider Speisen ist nahezu identisch. Aber wie der Körper das Cholesterin aus der Speise aufnimmt und verarbeitet, können Sie mit der Beilage bestimmen. Bei Variante 2 essen Sie automatisch die „Gegenspieler" des Cholesterins mit, das unerwünschte Cholesterin aus dem Grillkotelett wird abgeschwächt. Wenn Sie auf Ihren Cholesterinspiegel achten müssen, bevorzugen Sie Variante 2!

Backrohrtemperatur nur Richtwerte

Jedes Backrohr heizt anders. Die Temperatur- und Zeitangaben können also nur Richtwerte sein. Orientieren Sie sich am besten an Ihren Erfahrungswerten oder an der Betriebsanleitung Ihres Backrohres. Die bei den Rezepten angegebenen Backtemperaturen beziehen sich immer auf das vorgeheizte Backrohr und auf Heißluft.

Warum oft keine konkrete Gemüseangabe?

Jede Saison schenkt Ihnen die köstlichsten Gemüsesorten. Nutzen Sie die Saisonlebensmittel, diese strotzen nicht nur vor Wirkstoffen, sondern schmecken am frischesten und sind auch noch am günstigsten. Es wäre jammerschade, wenn Sie das ganze Jahr über bei einer Gemüsesorte bleiben, nur weil es im Rezept vorgesehen ist. Orientieren Sie sich im Zweifelsfall am Saisonkalender für Obst und Gemüse auf Seite 18.

Warum Saisonlebensmittel?

Saisonlebensmittel bauen durch das Ausreifen unter freiem Himmel mehr Vitamine und Geschmacksstoffe ein. Manche Lebensmittel erreichen erst durch die nötige Reifung und Lagerung die volle Qualität, z. B. Sauerkraut oder alte Lagerapfelsorten. Überdies liefern Saisonlebensmittel meist genau das, was Sie zur jeweiligen Jahreszeit brauchen, z. B. Vitamin C in den Frühjahrsobstsorten gegen die Frühjahrsmüdigkeit, Kühlendes in den Sommermonaten, Nervenvitamine in den Herbstlebensmitteln, damit Sie die graue Novemberzeit gut überstehen, und wärmende Stoffe in den Winterlebensmitteln. Bestimmte heimische Lebensmittel können Sie fast ohne Wirkstoffverlust über mehrere Monate lagern, z. B. heimisches Kraut, Winteräpfel und Rüben. Bei heimischer Saisonware fallen überdies keine langen Lagerzeiten und Transportwege an – diese schonen also die Umwelt.

Gemüse und Obst aus der Tiefkühltruhe?
Tomaten und Bohnen aus der Dose?

Klar, Frisches ist gesünder und schmeckt besser. Sie können deshalb für jedes Rezept die Frischvariante verwenden. Weil aber in der Praxis oft die Zeit dazu fehlt, werden in den Rezepten u. a. Lebensmittel verwendet, die auch in vorgefertigter Form noch einen akzeptablen Beitrag zur gesunden Ernährung liefern können. Sei es der hohe Ballaststoffanteil der Bohnen, der Lykopingehalt der Tomaten aus der Dose oder der recht beachtliche Wirkstoffanteil von Tiefkühlobst und -gemüse. Motto: Lieber die Lebensmittel in der genannten Verarbeitungsform als gar kein Obst, Gemüse und keine Hülsenfrüchte.

Warum so oft Haferkleie?

Haferkleie enthält die cholesterinbindenden β-Glucane. Deshalb ist es sinnvoll, bei cholesterinreichen Rezepten, z. B. Eiergerichten, Haferkleie als „Gegenmittel" unterzumengen. Ähnlich wirken auch Preiselbeeren und Apfelfasern (getrocknete, fein gemahlene Apfelschalen oder Äpfel), Quitten, Äpfel und Gerste.

Abkürzungen und Symbole

kcal	Kilokalorie (Kalorie)		Pkg.	Packung
kJ	Kilojoule		Port.	Portion
EW	Eiweiß		Msp.	Messerspitze
F	Fett		TK	Tiefkühlware
KH	Kohlenhydrate			
BE	Broteinheit (12 g verwertbare Kohlenhydrate)			
KHE	Kohlenhydrateinheit (10 g verwertbare Kohlenhydrate)			Zöliakie
				Diabetes
EL	Esslöffel			milchfrei
TL	Teelöffel			eifrei

So bleiben die Vitamine im Essen

Faustregel

- ➤ Alle Zutaten so frisch wie möglich
- ➤ Nur im Ganzen mit **kaltem** Wasser waschen
- ➤ Immer ins Heiße geben (heißes Rohr, heiße Pfanne, heißes Fett)
- ➤ So kurz wie möglich garen
- ➤ Nicht warm halten

Warum ins Heiße geben?

Heißes Wasser oder Öl verschließt die Poren und die Wirkstoffe bleiben im Lebensmittel. Kaltes Wasser laugt aus und macht das Lebensmittel zur Wirkstoffleiche. Kochen Sie das Wasser im Wasserkocher auf, das geht am schnellsten. Heißes Wasser aus der Wasserleitung sollte nicht verwendet werden, da es niemals 100 °C erreicht und Bakterien enthalten kann.

Anrösten ohne Fett

Damit Sie ohne Fett rösten können, müssen Sie die Pfanne trocken, d. h. ohne Inhalt erhitzen. Am besten funktioniert das in einer Pfanne ohne Beschichtung. Das Röstgut in die heiße Pfanne einlegen und umrühren. Die Poren des Röstgutes verschließen sich in der heißen Pfanne sofort und die wertvollen Wirkstoffe, wie z. B. Vitamine, bleiben zu einem großen Teil erhalten. Mit einem Schuss Essig oder Wasser ablöschen, damit sich die Röststoffe vom Pfannenboden lösen.

✗ **Achtung!** Das Rösten ohne Fett geht viel schneller als das Rösten mit Fett! Bleiben Sie deshalb neben der Pfanne stehen und behalten Sie Ihr Röstgut im Auge.

Welchen Vorteil bringt das Anrösten ohne Fett?

Sie sparen sich dadurch Fett, das Sie besser für den Salat verwenden. Beim Salat haben Sie den Vorteil, dass Sie auf hochwertige kaltgepresste Öle zurückgreifen können, deren besondere Inhaltsstoffe beim Erhitzen in der Pfanne verloren gehen würden. Wenn Sie viel Fett zum Anrösten und dann noch viel Öl für den Salat verwenden, schießt der Kaloriengehalt in die Höhe.

Gemüse in Haubenqualität

Erhalten Sie die Haubenqualität, d. h. die Wirkstoffe im Gemüse, indem Sie die Haube, also den Deckel, auf dem Topf lassen.

Saisonkalender für Obst und Gemüse

	Frühsommer	Sommer	Herbst	Winter
Apfel, Birne		x	x	x Lager
Blattsalate	x	x	x	
Blumenkohl, Brokkoli		x	x	
Bohnen, Fisolen		x	x	
Brombeere			x	
Chinakohl			x	x
Endiviensalat			x	x
Erbsen, Zuckerschoten		x	x	
Erdbeere	x	x	x best. Sorten	
Fenchel		x	x	
Gurken		x	x	
Heidelbeere		x		
Himbeere		x	x best. Sorten	
Holunderbeere		x		
Johannisbeere (Ribisel)		x	x best. Sorten	
Karotten		x	x	x Lager
Kartoffeln		x	x	x Lager
Kirsche		x		
Kiwi – heimisch			x	
Kohl, Kraut, Wirsing		x	x	x Lager
Kohlrabi		x	x	
Küchenkräuter	x	x	x	
Kürbis			x	x Lager
Lauch, Porree		x	x	x
Marille, Aprikose		x		
Mirabelle		x	x	
Nektarine		x		
Paprika		x	x	
Pastinake		x	x	
Petersilienwurzel		x	x	
Pfirsich		x		
Pflaume, Ringlo		x	x	
Preiselbeere			x	
Radieschen	x	x		
Rettich	x	x		
Rhabarber	x			
Rohnen, Rote Beete		x	x	x Lager
Sellerie		x	x	x Lager
Spargel	x			
Spinat, Mangold		x	x	
Sprossenkohl, Rosenkohl			x	
Stachelbeere		x		
Tomaten		x	x	x Lager
Vogerlsalat, Feldsalat			x	x
Weintraube		x	x	
Zitrusfrüchte				x kühlende Wirkung
Zucchini		x	x	
Zuckermais		x	x	x getrocknet
Zuckerhutsalat			x	x
Zwiebel		x	x	x Lager

Frühstück und Jause

Leistungskick für den Start und zwischendurch

➤ Xundheitsjause – die schnellsten Jausenvorschläge

➤ Wärmende Magenschmeichler

➤ Gehirnnahrung und Sportlerpower

➤ Pikante Aufstriche

➤ Jause mit kaltem Fisch

➤ Smoothies – Cremige Drinks für zwischendurch

In der Früh und am Vormittag ist den meisten Menschen ein Hoch in die Wiege gelegt. Nur mit einem Frühstück und/oder einer Vormittagsjause können Sie dieses durch den Biorhythmus vorgegebene Leistungshoch am Vormittag optimal ausnutzen. Ohne Frühstück oder früher Vormittagsjause verläuft Ihre Leistungskurve viel flacher. Wenn Sie in der Früh keinen Bissen hinunterbekommen, dann verschieben Sie Ihr Frühstück auf die Jausenzeit am Vormittag. Sie werden sehen, was Sie nach ein paar Wochen Gewöhnungsphase an zusätzlicher Energie aus Ihrem Körper herausholen können. Wenn Ihnen häufig zu kalt ist, dann probieren Sie es einmal mit einem wohltuend warmen Frühstück. Die Rezepte dazu finden Sie ab Seite 25.

Gibt es ein perfektes Frühstück?

Zum Frühstück lieben es die meisten traditionell – Marmeladensemmeltyp versus pikanter Typ, der an Wurst, Ei und Käse nicht vorbeikommt. DAS perfekte Frühstück gibt es nicht, aber ein paar gute Tipps, die Ihre Leistungsfähigkeit nach oben schießen und den Hunger nicht so schnell aufkeimen lassen.

Die **Basis** eines Frühstücks besteht für Erwachsene aus zwei Komponenten bzw. für Kinder aus drei Komponenten. Diese sind

1. etwas „Vollkorniges"

2. Gemüse und/oder Obst (frisch oder als Marmelade mit einem Fruchtanteil von mindestens 70 %, entspricht dem Gelierzucker 3:1) und

3. Milch oder ein Milchprodukt für die Kids

Alle anderen Lebensmittel können, müssen aber nicht dabei sein.

Bei Getränken lieben die meisten ihren Kaffee. Gegen eine Tasse Kaffee spricht nichts. Tee, Milch oder einfach nur lauwarmes Wasser bieten einen guten Start in den Tag.

So funktioniert eine perfekte Jause

Eine perfekte Jause vereint vier Funktionen:

Spülung, **Energie**, **Vitalität** und **Knochenschutz**.

Spülung: Wasser ist der Hauptbestandteil des Körpers. Bereits ein geringer Flüssigkeitsmangel kann z. B. zu Konzentrationsschwäche, Kopfschmerzen und Müdigkeit führen. Wussten Sie, dass 2 % Flüssigkeitsverlust während des Sports die Leistung um 20 % herunterschrauben?

Füllen Sie Ihren Wassertank regelmäßig auf! Richten Sie sich am besten bereits in der Früh die Tagestrinkmenge her. Egal ob zu Hause, unterwegs oder im Büro. Die besten Spülkomponenten sind Wasser und ungesüßte, nicht aromatisierte Tees.

Achtung! Manche Tees entwässern, d. h. Sie entziehen dem Körper mehr Flüssigkeit als sie ihm geben, z. B. Brennnesseltee.

Energie ist die Basis für eine gute Konzentration. Je besser die Energieversorgung im Gehirn, desto besser können Sie sich konzentrieren, und es geht Ihnen einfach alles besser von der Hand. Das gilt sowohl für zu Hause als auch im Job und in der Schule.

Zucker- und stärkereiche Lebensmittel liefern Gehirnenergie, dabei muss man allerdings schnelle und langsame Energielieferanten unterscheiden.

Die schnellen Energiespender, wie z. B. Traubenzucker, Säfte, Weißbrot und Semmeln, schießen ins Blut und geben so zwar einen schnellen Energieschub, sind aber innerhalb kürzester Zeit verbraucht bzw. als Fett im Körper gespeichert. Die langsamen Energielieferanten, wie z. B. Vollkornbrot, Müsli, Kletzenbrot, Apfelbrot, Früchtelebkuchen etc., gleiten sanft ins Blut und liefern lange Energie in wohldosierten Mengen. Das ist ideal.

Vitalität: Obst und/oder Gemüse ist ein Muss bei jeder Jause. Essen Sie, wo immer möglich, die Schale mit. Sie wissen, unter der Schale sitzen besonders viele Vitamine und die sollen in Ihrem Körper und nicht im Biomüll landen. Auch Trockenfrüchte schenken Energie und Vitalität. Achten Sie beim Kauf, dass die Trockenfrüchte ungeschwefelt sind, sonst kann aus den gesunden Früchten schnell eine „Kopfwehfrucht" werden.

Tipp: Richten Sie jeden Tag einen Teller mit aufgeschnittenem Obst und rohem oder gedünstetem Gemüse her, dann greifen Sie automatisch zu.

Knochenschutz: „Milch und Käse stärken die Knochen!" Ein alter Slogan. Aber **Achtung!** Nicht jedes Milchprodukt stärkt Ihre Knochen. Manche enthalten sehr viel Phosphor, der in größeren Mengen Ihren Knochen schadet. Sie erkennen einen Phosphorzusatz an den E-Nummern E 338 bis 343 und E 450 bis 452.

Die besten Knochenstärker sind Käse, die sehr lange reifen, z. B. Bergkäse, Almkäse oder Parmesan. Rund vier Scheiben von diesen Käsesorten reichen aus, um

Eine ideale Jause: Vollkornbrot mit Alm-Bergkäse und Apfel

den täglichen Kalziumbedarf zu decken. Milch, Jogurt und alle anderen flüssigen Milchprodukte liefern ebenfalls wertvolles Kalzium, aber nicht in dem Ausmaß wie lang gereifter Käse.

Topfen und Sauermilchkäse, z. B. Graukäse, tragen wenig zum Knochenaufbau bei. Hier ist es sinnvoll, mit einer guten Kombination die Kalziumaufnahme zu verbessern. Gute Kombinationslebensmittel sind Obst, Gemüse, Salat und frische Kräuter, sie alle enthalten Vitamin C, das die Kalziumaufnahme erleichtert. Bei den altüberlieferten Rezepten ist diese Kombination meistens gegeben. Denken Sie an den Klassiker Graukäse mit Zwiebeln und Schnittlauch. Sowohl Zwiebel als auch Schnittlauch sind wertvolle Vitamin-C-Spender.

Gibt es ein Konzentrationsvitamin?

Salopp ausgedrückt: JA! Es handelt sich um das Vitamin B1, das in Vollkorngetreide, aber auch im Schweinefleisch reichlich vorhanden ist. Aber **Achtung!** Bei bestimmten Zubereitungsmethoden geht sehr viel von diesem Vitamin verloren, z. B. beim Toasten rund 50 % und beim Ultrahocherhitzen der Milch, also bei H-Milch, rund 30 %.

Fisch zur Jause?

Meeresfisch gilt als einer der wichtigsten Jod- und Omega-3-Fettsäuren-Lieferanten. Jod ist für die Schilddrüse als Kropfvorbeugung wichtig und die Omega-3-Fettsäuren bieten ein breites Spektrum an positiven Wirkungen für Ihren Körper. In unseren Breiten sind Fischmahlzeiten Mangelware, dabei ist es so einfach, Fisch in den Speiseplan einzubauen. Die Jause ist eine gute Gelegenheit dafür. Matjessalat lässt sich z. B. gut vorbereiten und kann bis zu drei Tagen im Kühlschrank aufbewahrt werden.

Genießen Sie 2 x pro Woche eine Fischjause, immer in Kombination mit Gemüse, Salat, frischen Kräutern oder Obst, z. B. Lachsbrot mit Kresse, Thunfisch mit Zwiebeln oder Mango-Matjessalat. Die genannten Kombinationslebensmittel bringen viele der gesunden Fischinhaltsstoffe zur Wirkung und schwächen die weniger gesunden, z. B. Schadstoffe, ab.

Fleisch und Wurst

Es gelten drei Grundprinzipien:
1. Je fettärmer, desto besser
2. Auf ausgezeichnete Herkunft achten
3. Die Dosis macht das Gift!

Faustregel: Das Brot soll mindestens doppelt so dick sein wie der Wurstbelag.

Durch eine gute Kombination kann die Eisenaufnahme aus dem Fleisch verbessert werden. Gute Kombinationslebensmittel sind – wie bei Milch und Fisch – Obst, Gemüse, Salat und frische Kräuter.

Ein Brot mit Wurst und Käse ist nicht so ideal. Die Kombination aus Fleisch und Milch verschlechtert die Kalziumaufnahme aus der Milch.

Wenn Sie mit Ihrem Cholesterinspiegel zu kämpfen haben, essen Sie einen Apfel zum Fleisch oder zum Wurstbrot. Das bindet einen Teil des Cholesterins. Gut helfen auch Preiselbeeren, Gerste und Haferkleie.

Xundheitsjause – die schnellsten Jausenvorschläge

- Vollkornbrot mit Alm-Bergkäse und Apfel
  Diese Kombination ist mein Favorit. Alm-Bergkäse gilt als die Kalziumbombe
  schlechthin, und aufgrund der Almmilch enthält dieser Käse besonders gesun-
  de Fette. Das Vitamin C aus dem Apfel erleichtert die Aufnahme des Kalziums
  aus dem Käse, das Pektin aus dem Apfel wirkt dem Cholesterin aus dem Käse
  entgegen und das Vollkornbrot bietet wohldosierte Energie.
- Naturjogurt mit frischem Obst und Haferflocken
- Vollkornbrot mit Käse und Paprika
- Vollkornbrot mit Lachs, Zwiebelringen und Kren
- Vollkornbrot mit Lachs und Salat
- Vollkornbrot mit Tomaten, Mozzarella und
  Basilikum
- Vollkornbrot mit etwas Butter, Gemüse, z. B.
  Gurke, dazu Naturjogurt
- Vollkornbrot mit Salat, Tomate und einem fa-
  schierten Laibchen (siehe Seite 120)
- Vollkorn-Reiswaffel mit Käse und Gemüse
- Thunfisch mit Senf und Zwiebelringen
- Kalter Grießbrei mit frischem Obstsalat oder püriertem Obst
  Milch und Grieß liefern hochwertiges Eiweiß, das Sie fast zur Gänze in Kör-
  pereiweiß umbauen können; die Vitamine aus dem Obst unterstützen diesen
  Effekt. Gerade für kleine Kinder im Wachstum und Senioren ist dies besonders
  wichtig.

> Tipp <

Machen Sie Ihren Kindern Lust auf Obst und Gemüse, indem Sie es in witzige, appetitanregende Formen
bringen, z. B. Gemüse oder Obst mit einem Messer zackenförmig rundherum bis zur Mitte hin einschneiden. Auseinandernehmen. Es entstehen zwei Kronen. Zur Krone können alle kompakten Obst- und Gemüsesorten geschnitten werden, z. B. Äpfel, Birnen, Karotten, Kohlrabi, Radieschen … Oder beliebiges Gemüse und Obst in kleine Stücke schneiden und auf einen Holzzahnstocher aufspießen. Sie können auch mit
einem Kugelausstecher („Parisienne-Ausstecher") Kugeln aus Obst oder Gemüse herausschneiden.

Grießbrei auf die Schnelle *1 Portion als Frühstück oder Jause*

¼ l Milch
evtl. 1 TL Butter
Gewürze nach Belieben,
z. B. Zimt, Vanille
evtl. eine kleine Prise Salz
➤ 1 EL Weizen-Grieß (15 g)

➤ Anstatt Weizen-Grieß glutenfreien Grieß verwenden

➤ Verwenden Sie zum Verfeinern Marmelade mit Süßstoff lt. Rezept S. 214 oder 217

> **Tipp <**

Mixen Sie den fertigen Grießbrei mit dem Pürierstab durch, das verleiht dem Grießbrei eine besonders feine Konsistenz.

Milch und Gewürze aufkochen, Grieß unter ständigem Rühren einlaufen lassen. Ein paar Minuten unter Rühren kochen, bis der Brei etwas eindickt. Vom Herd nehmen und zugedeckt mind. 10 Min. ausquellen lassen. Der Brei dickt stark nach.

Zum Verfeinern

Nach Belieben mit Zimt oder Kakao bestreuen oder mit Marmelade, Kirschen oder anderen frischen Früchten servieren. Evtl. süßen.

Grießbrei für Genießer

Grießbrei mindestens 30 Min., besser 1 Stunde leicht köcheln lassen. Dabei immer wieder umrühren. Je länger Sie den Grießbrei kochen, desto cremiger wird er. Nach Bedarf etwas Wasser oder Milch nachgießen.

pro Portion

kJ	kcal	Eiweiß (g)	Fett (g)	KH (g)	BE
877	209	10	9	22	1.86

Haferflockenbrei

1 Portion als Frühstück oder Jause

mindestens ¼ l Milch

Gewürze nach Belieben, z. B. Zimt, Vanille

evtl. eine kleine Prise Salz

➤ 3 EL Vollkorn-Haferflocken (45 g)

➤ ✂ Anstatt Haferflocken gluten-freie Flocken verwenden

➤ ✂ Verwenden Sie zum Verfeinern Marmelade mit Süßstoff lt. Rezept von S. 214 oder 217, zum Nachsüßen Süßstoff

Milch und Gewürze aufkochen, Haferflocken unter Rühren einlaufen lassen. Ein paar Minuten kochen, bis der Brei etwas eindickt, dabei immer wieder umrühren. Vom Herd nehmen und zugedeckt ca. 5 Min. ausquellen lassen.

Der Brei scheint zuerst sehr dünnflüssig, dickt aber dann beim Auskühlen stark nach.

Zum Verfeinern

Nach Belieben mit Zimt bestreuen oder mit Marmelade, geriebenem Apfel oder anderen frischen Früchten vermischen. Evtl. süßen.

pro Portion ohne Zutaten zum Verfeinern ⊗

kJ	kcal	Eiweiß (g)	Fett (g)	KH (g)	BE
1334	318	14	12	38	4.00

Apfel-Hirse-Brei

1 Portion als Frühstück oder Jause

¼ l Wasser

¼ l Milch (250 g)

Zimt, Vanille

50 g Hirse

1 kleiner Apfel, ungeschält grob geraspelt (120 g)

1 Msp. Honig (3 g)

➤ ✂ Aufgrund der geringen Menge muss der Honig nicht ausgetauscht werden

Wasser, Milch und Gewürze aufkochen. Hirse einrieseln lassen. Unter Rühren weich kochen. Dauert ca. 15 Min. Nach Bedarf etwas Wasser hinzufügen. Vom Herd nehmen und zugedeckt ca. 5 Min. ausquellen lassen. Apfel und Honig untermengen.

pro Portion ⊗

kJ	kcal	Eiweiß (g)	Fett (g)	KH (g)	BE
1712	409	14	11	62	5.19

Mini-Palatschinken

15 Mini-Palatschinken

200 ml Milch (200 g)
➤ 5 leicht gehäufte EL Weizen-
Vollkornmehl (75 g)
3 EL Mineralwasser (21 g)
Zimt
1 Ei
evtl. ➤ Zucker oder Süßstoff

➤ ✂ Austauschmehl verwenden

Zum Backen
2 EL Rapsöl (20 g)

➤ ✂ Anstatt mit Zucker zu bestreu-
en, können Sie die Mini-
Palatschinken mit Süßstoff
süßen, verwenden Sie mit Süßstoff gesüßte Marmelade lt.
Rezept von S. 214 oder 217

> Tipp <

Der Teig kann am Vortag angerührt
und zugedeckt im Kühlschrank aufbewahrt werden. Am nächsten Tag
1 x kurz durchrühren.
Die Mini-Palatschinken schmecken
auch kalt.

Milch, Mehl, Mineralwasser und Zimt glatt rühren.

Ei **locker** untermengen. Je kürzer Sie rühren,
desto flaumiger werden die Mini-Palatschinken.

Mit einem Löffel kleine Palatschinken in das heiße
Öl setzen. Zugedeckt auf einer Seite anbraten
lassen. Umdrehen und ohne Deckel fertig braten.

Zur Verfeinerung
Geben Sie einen fein geriebenen Apfel in den
Teig.

Minipalatschinken mit Marmelade servieren oder
mit Zimt und Zucker bestreuen.

Mini-Palatschinken pikant
Rühren Sie in den Teig 150 g klein geschnittenes
Gemüse und evtl. etwas Käse.

pro Stück ohne Zutaten zur Verfeinerung

	kJ	kcal	Eiweiß (g)	Fett (g)	KH (g)	BE
süß	171	41	1	2	4	0.30
pikant ohne Käse	178	42	1	2	4	0.33

Asiatische Reissuppe   *1 Portion als Frühstück oder Jause*

¼ l Gemüsebrühe (250 g)
¼ l Wasser
1 haselnussgroßes Stück Ingwer, frisch gerieben
2 EL Vollkorn-Naturreis (30 g)
100 g Saisongemüse, geschnitten
Koriandergrün oder Schnittlauch zum Bestreuen

Gemüsebrühe und Wasser aufkochen, Ingwer und Reis hinzufügen. Zugedeckt weich dünsten. Evtl. noch etwas Wasser nachgießen.

Gemüse hinzufügen und weitere 2 Min. kochen lassen.

Mit frisch gehacktem Koriander oder Schnittlauch bestreuen.

pro Portion

kJ	kcal	Eiweiß (g)	Fett (g)	KH (g)	BE
545	130	4	1	26	2.16

Studentenfutter

Zu gleichen Teilen
➤ Trockenfrüchte, ungeschwefelt
Nüsse, geröstet

➤ Für Diabetiker ist diese Mischung aufgrund des hohen Zuckergehalts der Früchte nur in sehr geringen Mengen, d. h. bis 20 g Trockenfrüchte, geeignet

> Tipp <

Lässt sich gut vorbereiten. Ideal für den schnellen Energieschub zwischendurch.

Rösten Sie die Nüsse ohne Fett im Backrohr. Dazu die Nüsse auf einem Backblech verteilen und bei 200 °C ein paar Minuten rösten.
✗ **Achtung!** Daneben stehen bleiben, geht sehr rasch.
Auskühlen lassen und mit den Trockenfrüchten vermischen.

Konzentrationsmuffins

*Ca. 20 kleine Muffins
oder bis zu 60 Mini-Muffins*

1 Becher Naturjogurt (250 g)
knapp ½ Becher Rapsöl (100 g)
Mark 1 Vanilleschote
3 Eier
1 Apfel, ungeschält, gerieben oder
gewürfelt
➤ knapp 1 Becher Zucker (180 g)
➤ 1 Becher Weizen-Vollkornmehl
    (140 g)
    knapp ½ Becher Weizenkeime
    (40 g)
    knapp ½ Becher Haferflocken
    (50 g)
1 Pkg. Weinstein-Backpulver
1 EL Lebkuchengewürz oder Zimt

➤ Anstatt 180 g Zucker 80 g
    Zucker und 10 ml Süßstoff,
    am besten Lebkuchensüßstoff
    lt. Rezept S. 230 verwenden
➤ Anstatt Weizen-Vollkornmehl
    und Weizenkeime Austausch-
    mehl und anstatt
    Haferflocken glutenfreies
    Müsli verwenden.

Muffinform vorbereiten.
Alle Zutaten der Reihe nach in eine Schüssel
geben. Zum Schluss alles verrühren. Den Teig in
die Muffinformen füllen und im vorgeheizten
Backrohr bei ca. 170 °C backen.

✗ Achtung! Geben Sie Teige mit Backpulver
innerhalb von 3 Min. in das Rohr, sonst kann es
passieren, dass die Wirkung des Backpulvers
verloren geht und das Gebäck speckig wird!

20 Stück/pro Stück

kJ	kcal	Eiweiß (g)	Fett (g)	KH (g)	BE
589	141	3	7	17	1.40
504	120	3	7	12	0.99

> Dekotipp <

Backen Sie zum Kindergeburtstag Mini-Muffins in
Konfekthülsen. Mit je einem Tupf Schokotunkmasse und einem
Gummibärchen verzieren.

Drei-Minuten-Kuchen *1 kleiner Kuchen für 2–4 Portionen*

Nusskuchen

1 Ei
➤ gut 2 EL Zucker (30 g)
3 EL Rapsöl (30 g)
ca. 4 EL Wasser (ca. 40 g)
1 EL Haselnüsse (15 g)
Mark ¼ Vanilleschote
¼ TL Zimt
➤ 40 g Weizen-Vollkornmehl
½ TL Weinstein-Backpulver

Apfelkuchen

1 Ei
➤ gut 2 EL Zucker (30 g)
3 EL Rapsöl (30 g)
ca. 4 EL Wasser (ca. 40 g)
¼ Apfel, grob geraspelt (ca. 30 g)
Mark ¼ Vanilleschote
➤ 40 g Weizen-Vollkornmehl
½ TL Weinstein-Backpulver

➤ ✗ Austauschmehl verwenden
➤ ✗ Anstatt 2 EL Zucker, 1 EL
  Zucker (15 g) und 2 g
  Süßstoff verwenden

✗ **Achtung!** Geben Sie Teige mit Backpulver innerhalb von 3 Min. in die Mikrowelle, sonst kann es passieren, dass die Wirkung des Backpulvers verloren geht und das Gebäck speckig wird!

✗ **Hinweis!** Dieser Kuchen wird in der Mikrowelle gebacken.

Eine kleine Mikrowellenform sehr dünn mit Rapsöl auspinseln.

Alle Zutaten der Reihe nach in eine Schüssel geben, verrühren.

Die Konsistenz des Teiges soll dickbreiig, aber mit dem Schneebesen gut verrührbar sein. Ist der Teig zu dick, fügen Sie noch etwas Wasser hinzu. Den Teig in die vorbereitete Mikrowellenform füllen. Eine Tasse Wasser in die Mikrowelle stellen! und bei 700 W ca. 3 Min. backen.

✗ **Achtung!** Wenn Ihre Mikrowelle eine höhere Wattzahl hat, z. B. 1400 W, verkürzt sich die Garzeit um die Hälfte, bei niedrigerer Wattzahl verlängert sich die Garzeit.

Während der Backzeit nicht öffnen!

Garprobe: Stechen Sie mit einem Spieß in den Kuchen, der Kuchen ist durchgebacken, wenn kein Teig mehr am Spieß klebt.

Gesamtmenge Variante 1

kJ	kcal	Eiweiß (g)	Fett (g)	KH (g)	BE
2873	686	13	45	57	4.77
2619	625	13	45	42	3.52

Gesamtmenge Variante 2

kJ	kcal	Eiweiß (g)	Fett (g)	KH (g)	BE
2539	606	11	36	59	4.92
2285	546	11	36	44	3.67

> Mikrowellenkuchen in allen Varianten <

Dieses Rezept ist ein Verwandlungskünstler. Probieren Sie z. B. anstatt Haselnüssen Mohn oder Kokosflocken, anstatt des Apfels 1 EL Marmelade, z. B. Preiselbeermarmelade in Kombination mit Mohn, anstatt Wasser z. B. Kokosmilch oder Fruchtsaft etc.

Im Handel ist ein kleiner Kuchen in der Glasform erhältlich. Diese Glasform eignet sich perfekt für den Mikrowellenkuchen. Sie können den Kuchen aber auch in einem Rex-Glas oder Einkochglas backen. Ideale Größe mindestens ¼ l.

Gerührte Linzer Torte *1 Torte á 12 Stück*

1 Apfel mit Schale, reiben
70 g Rapsöl
➤ 130 g Zucker
3 Freilandeier
Limettenschale, Zimt, Nelken oder
Lebkuchengewürz
2 EL Rum
100 g geröstete, geriebene Haselnüsse
➤ 160 g Weizen-Vollkornmehl
½ Pkg. Weinsteinbackpulver

Zum Ausfertigen
➤ 150 g Preiselbeermarmelade

➤ Anstatt 130 g Zucker 70 g
   Zucker und 8 g Süßstoff und
   Diabetiker-
   Preiselbeermarmelade lt. Re-
   zept von
   S. 214 verwenden

➤ Austauschmehl verwenden

✗ **Achtung!** Geben Sie Teige mit Backpulver innerhalb von 3 Min. in das
Rohr, sonst kann es passieren, dass die
Wirkung des Backpulvers verloren geht
und das Gebäck speckig wird!

Alle Zutaten der Reihe nach in eine Schüssel
geben. **Rasch** verrühren.
Den flüssigen Teig in eine flache runde Kuchen-
form leeren. Mit einem Löffel die Marmelade als
Nester in den Teig setzen. Bei 180 °C backen.

pro Stück

kJ	kcal	Eiweiß (g)	Fett (g)	KH (g)	BE
1080	258	4	13	30	2.70
893	213	4	13	18	1.64

> Tipp <

Die Kombination aus Apfel, Rapsöl, Vollkornmehl, Nüssen und
Gewürzen machen diesen Klassiker zu einem idealen Schul-
jausen- und Prüfungs-Kuchen. Er schenkt kontinuierlich
Energie und ist im Verhältnis zu vergleichbaren konventionel-
len Kuchen viel kalorienärmer.

Müslimischung

➤ **200 g Flocken, z. B. Hafer-,**
Roggen-, Weizenflocken
50 g Nüsse, z. B. Haselnüsse,
Walnüsse, Pinienkerne
50 g Samen, z. B. Kürbiskerne, Sesam,
Leinsamen, Sonnenblumenkerne
evtl. 1 EL Kokosflocken

➤ **50 g Trockenfrüchte, gehackt**
Gewürze, z. B. Zimt, Lebkuchengewürz, getrocknete Zitronenschale

➤ Glutenfreie Flocken verwenden

➤ Trockenfrüchte weglassen,
dafür bei der Zubereitung
frische Früchte untermischen

Nüsse hacken
Schlagen Sie die Nüsse in ein Geschirrtuch ein oder geben Sie die Nüsse in
einen Gefrierbeutel. Mit einer Pfanne
oder einem Fleischklopfer darauf
klopfen.

Als Vorrat

Nüsse und Samen nacheinander auf einem Backblech ohne Fett bei 200° C ein paar Minuten
rösten. Evtl. hacken. Über Nacht auskühlen
lassen und mit den restlichen Zutaten vermischen.
In einem Schraubverschlussglas oder einer
Vorratsdose aufbewahren.

Müsli vor Verwendung über Nacht in Milch,
Jogurt, Buttermilch oder Sojajogurt einweichen.
Mit frisch geschnittenem Obst verfeinern.

Müsli für Kauschwache
Zerkleinern Sie das gut eingeweichte Müsli mit
einem Pürierstab oder in einem Stand-Mixglas.

> Schon gewusst? <

Wenn Sie Müsli aus selbst geschrotetem Getreide herstellen,
weichen Sie das Müsli über Nacht in Jogurt ein oder
übergießen es mit kochendem Wasser. Nur so kann das für die
Knochen wichtige Kalzium aus den Milchprodukten verwertet
werden. Bestimmte Getreideinhaltsstoffe, die Phytalate,
„sperren" die Kalziumaufnahme. Durch Milchsäure, z. B.
Jogurt, oder Erhitzen werden die Phytalate zerstört.

Gesamtmenge   bei Verwendung von Sojajoghurt

kJ	kcal	Eiweiß (g)	Fett (g)	KH (g)	BE
5309	1268	48	47	161	13.39
4686	1119	47	46	128	10.63

Müsliriegel auf Vorrat · *Die Menge reicht für 1 Blech*

➤ 100 g Weizen-Vollkornmehl
250 g ungezuckertes Früchte-Müsli
100 g Haferflocken
1 TL Zimt
Mark 1 Vanilleschote
200 g Apfel, ungeschält in grobe Würfel schneiden
100 g Rosinen
➤ 200 g Preiselbeermarmelade
100 g Haselnüsse, geröstet, gehackt oder gerieben
je 1 TL Kürbiskerne und Sonnenblumenkerne
je 1 TL Leinsamen und Sesam
3 Eier

➤ ✕ Verwenden Sie glutenfreies Mehl anstatt Weizen-Vollkornmehl, glutenfreies Müsli und glutenfreie Flocken

➤ ✕ Genießen Sie diese Müsliriegel nur in kleinen Mengen, da der Zuckeranteil aufgrund der Früchte sehr hoch ist. Verwenden Sie die Preiselbeermarmelade lt. Rezept von S. 214

✗ **Hinweis!** Wenn Ihnen die Menge zu viel ist, dann nehmen Sie nur ein Drittel.

1 Backblech mit Backpapier auslegen.

Alle Zutaten in ein Standmixglas füllen und zu einer breiartigen Konsistenz pürieren. Masse fingerdick auf das Backblech drücken. Bei ca. 170 °C ca. 30 Min. backen. Noch warm in beliebig große Schnitten schneiden oder erkaltet in Stücke brechen.

Müsliriegel zum Aufbewahren

Die fertigen Riegel im Backrohr bei 100 °C gut trocknen lassen, sonst bildet sich Schimmel! Über Nacht auskühlen. Nicht zudecken, damit der Dampf entweichen kann. Die Riegel luftdicht verpacken.

> Feiner oder grober Müsliriegel? <

Mahlen Sie den Müsliteig sehr fein, wenn die Müsliriegel als Energiespender bei anstrengenden körperlichen und sportlichen Leistungen dienen sollen. Somit erspart sich Ihr Körper kräfteraubende Verdauungsarbeit. Als Schuljause eignet sich die grobe Variante besser, da die Sättigung dann über einen längeren Zeitraum anhält.

Dieser Müsliriegel hat nichts mit den Zuckerriegeln aus dem Supermarkt gemeinsam. Es handelt sich um einen optimalen Sportler- und Energieriegel.

Gesamtmenge

kJ	kcal	Eiweiß (g)	Fett (g)	KH (g)	BE
14206	3394	87	109	506	42
12331	2947	87	110	392	32.66

Topfenaufstrich-Variationen

Basis

A) 1 Pkg. Magertopfen (250 g),
ca. ⅓ Becher Naturjogurt (80 g),
Kräutersalz, 1 Schuss Essig, Senf

B) 1 Pkg. Magertopfen (250 g),
ca. ⅓ Becher Sauerrahm (80 g),
Kräutersalz, 1 Schuss naturtrüber
Apfelessig, Senf

C) 300 g Kartoffeln, kochen, reiben,
ca. ½ Becher Sauerrahm (125 g),
Kräutersalz, 1 Schuss Essig, Senf

> Tipp <

Rühren Sie den Aufstrich etwas
dünner an und fertig ist die
Grill- oder Fonduesauce.

Basis

Alle Zutaten verrühren.

Varianten

Die Zutaten der jeweiligen Variante (siehe Seite
36 f.) mit der Basis verrühren. Wenn Sie einen
Aufstrich ohne Stücke haben möchten, pürieren
Sie alle Zutaten. Wählen Sie die Menge der Zutaten nach Ihrem Geschmack. Als Richtwert gilt
pro 100 g Basis ½–2 EL Varianten-Zutat.

Gesamtmenge ⊗ außer einigen Varianten

	kJ	kcal	Eiweiß (g)	Fett (g)	KH (g)	BE
Basis A	994	237	35	4	15	1,2
Basis B	1344	320	34	14	14	1,2
Basis C	1775	425	11	20	48	4

Pikante Aufstrichvarianten von A bis Z

Apfelzauber: Gewürfelter Apfel, gehackte Zwiebel, Senf, Zitrone, Zucker

Asiatraum: Kokosraspeln, Curry, geriebener Apfel, Zitrone, Zucker, Zitronen-melisse

Bananencurry: Curry, zerdrückte Banane, Zitrone, Zucker

Bärlauch-Hauch: Bärlauch, Knoblauch

Basilikumtomate: Passierte Tomaten, Basilikum, Knoblauch, Pfeffer

Birnen-Fenchel: Fein gehackte Fenchelknolle, Birnenwürfel, geröstete Walnüsse, Curry, Kresse

Brunnengruß: Brunnenkresse, mehlige gekochte, geriebene Kartoffeln, hart gekochtes, gehacktes Ei, Senf

Bunte Paprika: Bunte Paprikawürfel, Knoblauch, Bärlauch, Paprikapulver

Dillgurke: Geraspelte Gurke, Dill

Erbsige: Grüne Erbsen, Ingwer, gehackte Zwiebel, Kümmel, Zitronenmelisse

Feuriger: Pfefferoni, Paprika, Zwiebel, Chili

Frühjahrseinladung: Löwenzahnblätter, gekochte, geriebene Kartoffeln

Gallenfreund: Geriebener Rettich

Gepfefferte Erdbeere: Gehackte Erdbeeren, eingelegter grüner Pfeffer, Zucker, gehackte Rosenblätter

Gervais-Kren-Topfen: Gervais, Schinken, Kräuter, Kren, Schnittlauch

Gewürzitaliener: Basilikum, Majoran, Oregano, Salbei, Thymian, Knoblauch, Zitronenschale

Italiener: Rucola, gehackter Mozzarella, Tomatenwürfel

Kartoffel-Topfen: mehlige gekochte, geriebene Kartoffeln, gehackte Zwiebel, Petersilie, viel! Schnittlauch, gewürfelte Essiggurke, Kapern, Majoran

Kichererbsencreme: Ganze oder pürierte Kichererbsen, Kümmel, Knoblauch, Curry, Kerbel

> Was gibt der Kühlschrank her? <

Werfen Sie einen Blick in Ihren Kühlschrank. Sie finden bestimmt viele Zutaten, die sich für interessante Aufstriche und Saucen eignen, z. B. grüne Pfefferkörner, Essiggurken, Pfefferoni, verschiedenes Gemüse, Räucherfisch, Käsereste oder gekochte Fleischreste. Bereiten Sie eine Basis zu und teilen Sie die Menge auf, um sie mit verschiedenen Zutaten zu verfeinern.

Knusprige Mandel: Geröstete Mandelsplitter, Bärlauch, gehackte Frühlingszwiebeln, Zitrone

Kräutertraum: z. B. Bärlauch, Rucola, Basilikum, Petersilie, Schnittlauch, Dill oder eine Mixtur verschiedener Kräuter

Kraut-Nuss: Fein gehacktes Weißkraut, Apfelwürfel, geröstete, gehackte Haselnüsse, geriebene Karotten

Kreni: Frisch gerissener Kren

Kresse-Sardellen: Frische Kresse, Sardellenfilets, Tabascosauce

Lachstraum: Räucherlachs, Dill, Zitrone, gehackte Zwiebel

Linsenspaß: Gekochte Linsen, gehackte Zwiebel, Kümmel, Bohnenkraut

Nusskäse: Geröstete, gehackte Nüsse, Gorgonzola

Pinienverführung: Geröstete Pinienkerne, Basilikum

Polentatraum: Ca. 3 EL sehr weich gekochte Polenta pro 100 g Basis, frische Kräuter, Knoblauch (Kochverhältnis Polenta: 1 Teil Polenta, 5 Teile Wasser)

Quargelmuffi: Quargelkäse, gehackte Zwiebel, Kümmel, Petersilie, Schnittlauch

Rettichgruß: Rettichsprossen, gehackte Frühlingszwiebeln

Rotschopf: Fein geriebene rohe oder gekochte Rohnen, Kümmel, Zwiebel, Apfelwürfel

Sauerkraut-Apfel: Fein gehacktes Sauerkraut, Apfelwürfel, Kümmel, fein gehackte Zwiebel

Schafskäseauftakt: Schafskäse, gehackte Frühlingszwiebeln, Basilikum, Knoblauch

Schinken-Käse-Mix: Schinkenwürfel, Käsewürfel, gehackte Zwiebel, Kräuter der Provence

Sojaknacki: Sojasprossen, Knoblauch, Senf, Schnittlauch

Steirer: Geröstete, gehackte Kürbiskerne, roh geriebenes Kürbisfleisch, Kürbiskernöl, Krauspetersilie

Thunfischtopfen: Thunfisch natur, Sardellenpaste, Dill, Zwiebel

Würzi: Koriander, Kümmel, Muskat, Piment, Petersilie

Zitrone mit Hauch: Zitronenschale, Knoblauch, Schnittlauch

Zwiebelhauch: Gehackte rote Zwiebel, Knoblauch, Schnittlauch

> Zubereitungstipp <

Die Konsistenz des Aufstrichs hängt vom jeweiligen Ausgangsprodukt ab. Trockener Bröseltopfen benötigt viel mehr Flüssigkeit als sehr feuchter Topfen. Ist der Aufstrich zu weich, fügen Sie noch etwas Topfen hinzu. Ist der Aufstrich zu fest, verdünnen Sie ihn mit Mineralwasser.

➤ ✂ Zucker durch Süßstoff lt. Rezept von S. 230 ersetzen

Radieschen-Kresse-Aufstrich *4 Portionen*

1 Kästchen Kresse
4 Radieschen (60 g)
200 g Hüttenkäse
Kräutersalz, Knoblauch, Paprikapulver

Alle Zutaten in ein Mixglas geben und pürieren.

pro Portion ⊗

kJ	kcal	Eiweiß (g)	Fett (g)	KH (g)	BE
212	51	7	1	3	0.3

Mandel-Karotten-Aufstrich *6 Portionen*

6 EL Mandeln (90 g), rösten
2 Karotten (120 g), in grobe Stücke
schneiden
1 Schuss Apfelessig, naturtrüb, ohne
Zuckerzusatz (ca. 20 ml)
1 Becher Magertopfen (250 g)
1 Schuss Mineralwasser
Kräutersalz
Schnittlauch, gehackt

Mandeln reiben. Mit den restlichen Zutaten in einem Mixglas pürieren.

pro Portion ⊗

kJ	kcal	Eiweiß (g)	Fett (g)	KH (g)	BE
753	179	12	12	5	0.4

Blaukraut-Tramezzini *3–8 Tramezzini*

➤ 4 Scheiben Vollkorntoastbrot á 25 g

Fülle

100 g Blaukraut, sehr fein hobeln
1 Zwiebel (100 g), sehr fein hacken
ca. ½ Tasse Wasser oder Gemüsebrühe
1 EL Sauerrahm (25 g)
1/5 Packung Topfen (50 g)
Kräutersalz, Kümmel, Schnittlauch

➤ ✂ Glutenfreies Brot verwenden

Blaukraut und Zwiebel mit dem Wasser weich kochen. Evtl. Wasser nachgießen. Das Wasser soll nach dem Garen vollständig verdunstet sein. Vom Herd nehmen und überkühlen lassen. Restliche Zutaten untermengen, würzen.

Die Hälfte der Toastbrotscheiben mit dem Aufstrich bestreichen. Mit einer Scheibe Brot abdecken. Gut zusammendrücken. Ca. 10 Min. ziehen lassen. In große oder kleine Dreiecke schneiden, d. h. einmal oder zweimal diagonal durchschneiden.

8 Stück/pro Stück ⊗

kJ	kcal	Eiweiß (g)	Fett (g)	KH (g)	BE
193	46	2	1	7	0,6

> Was sind Tramezzini? <

Salopp gesagt, belegte Doppeldecker-brote oder Sandwichs. Im Original handelt es sich um belegte Weißbrot-scheiben. Eine Scheibe unten, Belag darüber und eine Scheibe oben. Oft findet man Tramezzini aus drei Scheiben Brot. Das Tramezzini-Weißbrot ist etwas feinporiger und weicher als Toastbrot. Es wird in der Regel entrindet, was optisch ansprechender wirkt.

Allerdings entfernen Sie damit einen Teil der Ballaststoffe und auch viel an Geschmack. Tramezzini werden gut zusammengedrückt, z. B. mit einer Pfanne, und in Dreiecke geschnitten.

Mit den Aufstrichvarianten von Seite 36 f. lassen sich übrigens beliebig viele leckere Tramezzini-Variationen herstellen.

Matjessalat – Grundrezept *3 Portionen als Jause*

Basis
1 Packung Matjeshering (400 g)

Einbeizzutat
Verwenden Sie **eine** der folgenden **Einbeizzutaten**

1 Becher Naturjogurt (250 g)
½ Packung Buttermilch (250 g)
½ Becher Sauerrahm (125 g) mit
½ Becher Naturjogurt (125 g)
1 Becher Sauerrahm (250 g)
1 Becher Sojajogurt

> **> Schon gewusst? <**
>
> Matjes zählt zwar mit über 15 % Fettgehalt zu den fettreichen Fischen, das Matjesfett ist aber reich an den besonders gesunden Omega-3-Fettsäuren.

1. Den Matjes vorbereiten: Bei Matjes handelt es sich um einen in Salzlake eingelegten Hering. Bevor Sie den Matjes weiterverarbeiten, waschen Sie die Lake gut ab und tupfen den Fisch trocken. Den Matjes in mundgerechte Stücke schneiden.
2. Mit den Einbeizzutaten und den Veredelungszutaten vermischen.
3. Gut zugedeckt über Nacht im Kühlschrank ziehen lassen.

So vorbereitet hält der Matjessalat im Kühlschrank ca. 3 Tage.

Zutaten zur Verfeinerung kurz vor dem Verzehr untermengen.

✗ **Hinweis:** Da die Variationen dieser Rezepte so vielfältig sind und dadurch jede Berechnung ungenau wäre, werden für diese Rezepte keine Berechnungen angeführt.

Veredelungszutaten für Matjessalat (je 1 Portion)

Klassisch: 1 rote Zwiebel fein hacken, 1 säuerlichen Apfel mit Schale würfeln (alternativ Ananaswürfel oder Orangenfilets), 1 Essiggurke würfeln oder blättrig schneiden.

mit Sellerie: ¼ Knolle Sellerie, in sehr feine Streifen hobeln, Saft und Schale einer ½ Zitrone, Filets von 1 Orange, 3 Stängel Petersilie, gehackt. Zur Verfeinerung evtl. 1 EL geröstete, gehackte Walnüsse.

mit Rohnen: 1 rohe Rohne schälen und fein raspeln, ½ gelbe Paprikaschote würfeln, 1 Zwiebel in hauchdünne Ringe hobeln oder hacken, 1 Essiggurke würfeln, 3 Stängel Thymian im Ganzen dazulegen.

mit Rohnen und Preiselbeeren: ¼ gekochte Rohne in Würfel schneiden, 2 EL Preiselbeermarmelade, 1 kleinen Apfel in Würfel schneiden, 1 kleine Zwiebel fein hacken.

mit Rohnen, Kartoffeln und Äpfeln: 1 gekochte Rohne in Würfel schneiden, 1 Apfel in Würfel schneiden, 1 Zwiebel fein hacken, 1 Essiggurke in Streifen schneiden, 1 Kartoffel in Würfel schneiden, etwas Kren frisch reiben.

mit Kren: 1 Apfel mit Schale würfeln, 1 rote Zwiebel hacken, frisch geriebener Kren nach Geschmack, Dill.

mit Kresse: 1 Apfel mit Schale würfeln, 1 rote Zwiebel hacken, 1 Packung Kresse oder 1 Handvoll Brunnenkresse.

mit Mango: 1 Mango würfeln, 1 gelbe Zwiebel hacken. Zur Verfeinerung: 1 EL geröstete Pinienkerne, 2 Handvoll Vogerlsalat, kurz vor dem Essen untermengen.

mit Fenchel: 1 Fenchelknolle in feine Streifen hobeln, Filets von 1 Grapefruit, Dill, 2 EL Worcestersauce. Zur Verfeinerung: 1 EL geröstete Walnüsse.

mit Kartoffeln: 2 gekochte speckige Kartoffeln in Scheiben schneiden, 2 Essiggurken in Scheiben schneiden, ½ Rohne schälen und roh in Würfel schneiden, 1 Apfel mit Schale in Würfel schneiden, 1 EL Kapern.

mit Grapefruit und Staudensellerie: Filets von 1 Grapefruit, 5 Stangen Staudensellerie in ca. 2 mm dicke Scheiben schneiden. Zur Verfeinerung: 1 EL geröstete Sonnenblumenkerne.

mit Mango, Chili und Ingwer: 1 Chilischote entkernen und fein hacken, 1 walnussgroßes Stück Ingwer fein raspeln, 1 reife Mango würfeln.

Tsatsiki-Art: ½ geraspelte Salatgurke, 5 gehackte Knoblauchzehen, ¼ l Naturjogurt und 3 Stängel gehackten Dill verrühren. Matjesstücke einlegen und über Nacht durchziehen lassen.

Thunfischsalat mit Blattsalat *1 große Portion*

1 Dose/Glas Thunfisch, ½ Eissalat oder Zuckerhutsalat fein nudelig schneiden, 1 rote Zwiebel in feine Ringe hobeln, 1 Handvoll Rucola grob hacken, beliebige Marinade aus dem Kapitel Salatmarinaden, siehe S. 52 ff. Alle Zutaten vermengen. Sofort genießen.

Thunfischsalat mit Bohnen *1 große Portion*

1 Dose/Glas Thunfisch, 1 kleine Dose rote Bohnen, 1 gelbe Zwiebel in feine Ringe hobeln, 1 Handvoll Cherry–tomaten, evtl. halbieren, 1 Knoblauchzehe pressen oder hacken, 3 Handvoll Vogerlsalat, Basilikum frisch hacken. Alle Zutaten vermengen.

Mit der „Blitzschnell-Marinade" von S. 52 marinieren. Sofort genießen.

> Basisinfo Thunfisch <

Für die Salate wird Thunfisch aus dem Glas oder aus der Dose verwendet. Achten Sie beim Kauf auf Thunfische, die mit delfinfreundlichen Methoden gefangen werden. Für die Rezepte eignet sich am besten Thunfisch natur. In Öl eingelegter Thunfisch ist aufgrund des Öls eine Kalorienbombe und eine harte Nuss zur Verdauung. Allein im Magen kann dieser Öl-Fisch 9 Stunden ausharren, ehe er in den Dünndarm zur Verdauung weitertransportiert wird.

Thunfischsalat mit Kartoffeln *2 Portionen*

1 Dose/Glas Thunfisch,
1 gelbe Paprikaschote grob
würfeln, 1 rote Zwiebel in
feine Ringe schneiden,
1 Tomate achteln,
1 festkochende Kartoffel in
Scheiben schneiden,
1 Handvoll gegarte grüne
Bohnen, 1 EL Oliven,
¼ Bund Schnittlauch hacken.
Alle Zutaten vermengen. Mit

einer beliebigen Marinade aus dem Kapitel „Salatmarinaden", siehe S. 52 ff.
marinieren. Sofort genießen.

Thunfischsalat

4 Portionen

Cremige Marinade

5 EL naturtrüber Apfelessig ohne
Zucker- und Mostzusatz (50 g)
2 EL Senf (40 g)
2 EL Kürbiskernöl (20 g)
Kräutersalz, Wasser zum Verdünnen

„Salat"

1 Dose Thunfisch natur (150 g
abgetropft)
3 bunte Paprikaschoten (500 g),
in Streifen schneiden
½ Salatgurke (250 g), in Streifen
schneiden
1 Zwiebel (100 g), hobeln
1 Handvoll Rucola, hacken, ersatzweise
andere Kräuter

Alle Zutaten der Marinade in eine Schüssel
geben, verrühren. Die restlichen Zutaten
hinzufügen und alles vermengen. Mit Vollkornbrot genießen.

pro Portion

kJ	kcal	Eiweiß (g)	Fett (g)	KH (g)	BE
682	163	9	10	7	0,6

Räucherfischsalat mit Blattsalaten *1 große Portion*

Ca. 100 g Räucherfisch, 3 Stangen gegarten Spargel in ca. 1 cm große Stücke schneiden, verschiedene Blattsalate, Dill. Alle Zutaten vermengen. Mit einer beliebigen Marinade aus dem Kapitel „Salatmarinaden", siehe S. 52 ff., marinieren. Sofort genießen.

Räucherlachssalat mit Pesto *1 Portion*

Ca. 100 g Räucherlachs in Stücke schneiden, 2 EL Pesto, 3 Handvoll Vogerlsalat, 1 kleine Zwiebel in feine Ringe hobeln, Dill, fein hacken. Alle Zutaten vermengen. Mit der „Blitzschnell-Marinade" aus dem Kapitel „Salatmarinaden", siehe S. 52 ff., marinieren. Sofort genießen.

Räucherfischsalat nach griechischer Art *1 große Portion*

Ca. 100 g Räucherfisch in Stücke schneiden, 1 EL Oliven hacken, 1 EL Schafskäse grob zerbröckeln, 1 Tomate achteln, ¼ Salatgurke stifteln, 1 kleine Zwiebel in Ringe schneiden, 1 Herzsalat in Streifen schneiden. Basilikum und Rucola hacken. Alle Zutaten vermengen. Mit einer beliebigen Marinade aus dem Kapitel „Salatmarinaden", siehe S. 52 ff., marinieren. Sofort genießen.

> Geschmackserlebnis Stremellachs <

Das ist warm geräucherter Lachs, der wunderbar zart schmeckt und auf der Zunge zergeht. Er zeichnet sich durch seinen hohen Anteil an den besonders gesunden Omega-3-Fettsäuren aus. Man kann den Stremellachs auch in der Mikrowelle zugedeckt eine Minute lang bei 450 W erwärmen (nicht garen!) und mit heißen Kartoffeln oder Brot und Salat servieren (siehe Foto S. 69).

Himbeer-Birne-Bananen-Smoothie

4 Portionen als kleines Getränk

200 g Himbeeren
1 Birne (ca. 130 g), entkernen, entstielen
1 Banane (ca. 180 g), schälen
Wasser nach Bedarf
evtl. Vanille, Zitrone, Zimt
➤ evtl. Zucker oder Süßstoff

Alle Zutaten pürieren. Nach Bedarf mit Wasser verdünnen.

pro Portion

kJ	kcal	Eiweiß (g)	Fett (g)	KH (g)	BE
317	76	1	0.4	16	1.37

> Was sind Smoothies? <

„Smooth" kommt aus dem Englischen und bedeutet „fein, gleichmäßig, cremig". Bei Smoothies wird der gesamte essbare Anteil einer Frucht fein püriert. Smoothies können pur genossen oder mit diversen Zutaten, z. B. Jogurt, Milch, Mineralwasser oder Eiscreme verfeinert werden.

✗ **Diabetiker aufgepasst!** Smoothies erhöhen den Blutzucker aufgrund der pürierten Konsistenz rasch.

Erdbeer-Pfirsich-Smoothie   *2 Portionen als kleines Getränk*

300 g Erdbeeren
1 sehr reifer Pfirsich, entkernen
(120 g)
Wasser nach Bedarf
evtl. Vanille, Zitrone, Zimt
➤ evtl. Zucker oder Süßstoff

Alle Zutaten pürieren. Nach Bedarf mit Wasser verdünnen.

pro Portion

kJ	kcal	Eiweiß (g)	Fett (g)	KH (g)	BE
315	76	2	0.5	13	1.04

Blutorangen-Apfel-Smoothie *2 Portionen als kleines Getränk*

1 Blutorange (ca. 140 g), schälen
1 mittelgroßen Apfel (150 g),
entkernen, entstielen
Wasser nach Bedarf
evtl. Vanille, Zitrone, Zimt
➤ evtl. Zucker oder Süßstoff

Alle Zutaten pürieren. Nach Bedarf mit Wasser verdünnen.

pro Portion

kJ	kcal	Eiweiß (g)	Fett (g)	KH (g)	BE
301	72	1	0.4	15	1.25

Birchermüsli-Smoothie *4 Portionen*

1 Banane (170 g), in grobe Stücke
schneiden
1 Apfel (130 g), ungeschält,
entkernen, in grobe Stücke schneiden
Saft einer ½ Zitrone
2 EL geriebene Haselnüsse (30 g)
➤ 1 EL Haferflocken (15 g)
½ l Milch (500 g)
Zimt, Vanille
➤ evtl. Zucker oder Honig

Alle Zutaten pürieren. Siehe Foto Seite 19.

pro Portion

kJ	kcal	Eiweiß (g)	Fett (g)	KH (g)	BE
851	203	6	10	22	1.9

➤ ✗ Glutenfreie Flocken
➤ ✗ DM: Süßstoff

Marillen-Erdbeer-Himbeer-Smoothie *4 Portionen*

3 Marillen (200 g), entkernen
200 g Erdbeeren
100 g Himbeeren
Wasser nach Bedarf
evtl. Vanille, Zitrone, Zimt
➤ evtl. Zucker oder Süßstoff

Alle Zutaten pürieren. Nach Bedarf mit Wasser verdünnen.

pro Portion

kJ	kcal	Eiweiß (g)	Fett (g)	KH (g)	BE
192	46	1	0.3	8	0.8

Der Mantel für den Salat – Marinaden

Sonnenstunden
für Ihren Körper

Ein Salat mit vielen frischen Kräutern und Gewürzen ist für Ihren Körper wie ein Tag, an dem die Sonne scheint! Gönnen Sie sich deshalb täglich dieses milde „Sonnenbad". Verfeinern Sie Ihren Salat mit Kräutern und Gewürzen, wie z. B. Schnittlauch, Petersilie, Basilikum, Dill, Estragon, Ingwer, Kerbel, Portulak, Paprika, Pfeffer, Salbei, Senfkörnern, Zitronenschale, Gartenkresse, Kapuzinerkresse, Brunnenkresse, Bärlauch, Bibernelle, Blattkoriander, Borretsch, Sauerampfer, Rucola, Zitronenmelisse, Löwenzahnblättern oder Gänseblümchen.

Salatleichen vermeiden

➤ Waschen Sie Salat immer mit kaltem Wasser, warmes Wasser laugt aus.

➤ Weichen Sie den Salat – auch Bittersalate, wie z. B. Endivien, Radicchio, Zuckerhut und Brüssler Spitzen –, nicht ein, sondern waschen Sie ihn, wenn nötig, Blatt für Blatt unter fließendem Wasser. Bei Radicchio, Zuckerhut, Eisbergsalat, Brüssler Spitzen und Chinakohl reicht es aus, wenn Sie die äußeren Blätter entfernen und den Kopf im Ganzen waschen.

> **> Tipp <**
>
> Schneiden Sie rohes Gemüse mit intensivem Geschmack, z. B. Knollensellerie, Stangensellerie, Fenchel oder Endiviensalat, sehr fein. Dadurch ist die Angriffsfläche der Gewürze und Marinaden größer und der intensive Geschmack von Gemüse und Salat wird überdeckt.

➤ Schneiden und marinieren Sie den Salat und die Kräuter immer erst ganz kurz vor dem Essen.

➤ Verwenden Sie nur so viel Marinade, wie der Salat aufnehmen kann. Warum? Beim Schneiden werden die Zellstrukturen „aufgebrochen" und die Wirkstoffe, also z. B. Vitamine, entweichen, Marinade laugt die Vitamine aus. Licht, Wärme und Sauerstoff zerstören sie. Je mehr Marinade, desto wirkstoffärmer wird Ihr Salat.

Essen Sie den Salat als Vorspeise

So füllt sich nicht nur Ihr Magen, sondern die Wirkstoffe sind noch in voller Kraft und Vielfalt vorhanden. Wenn Sie den Salat erst gegen Ende der Mahlzeit essen, sind viele Wirkstoffe schon verloren gegangen.

Verwenden Sie kaltgepresste Öle

Kaltgepresste Öle enthalten mehr Wirkstoffe und schmecken intensiver. Aber **Achtung!** Auch kaltgepresste Öle schlagen auf Ihr Kalorienkonto. Eine flotte Runde mit der Ölflasche über den Salat kann sich mit rund 500 kcal bemerkbar machen, also einem Viertel von dem Kalorienbedarf, den ein Durchschnittsmensch pro Tag benötigt. So wird aus dem scheinbar kalorienarmen Salat eine Kalorienbombe.

> **> Gesundheitstipp <**
>
> Geben Sie täglich insgesamt 1 EL voll kaltgepresstem Weizenkeimöl in den Salat, zum Gemüse oder zu Obstgerichten. Essen Sie Weizenkeimöl nie solo, es braucht zum Ausgleich und zur optimalen Wirkung immer Vitamin-C-reiche Lebensmittel, also Obst, Gemüse, Salat oder frische Kräuter.

„Spielen" Sie mit den Ölen

Marinieren Sie den Salat mit einem Öl, das gezielt Ihren Körper verwöhnt. Jedes Öl hat seine eigene Wirkung. In Maßen genossen, sind Öle wertvolle Gesundheitsspender, z. B. eignet sich Weizenkeimöl aufgrund des hohen Vitamin-E-Gehalts als Unterstützung bei der Behandlung von Rheuma und Multipler Sklerose.

Verwenden Sie naturtrübe Essige

Diese enthalten mehr Wirkstoffe. Achten Sie beim Kauf von Essig auf die Zutatenliste. Empfehlenswert sind Essige, die weder Zusatzstoffe noch Saft oder Most enthalten. ✗ **Achtung Diabetiker!** Der gängige Balsamicoessig aus dem Geschäft enthält oft eine beachtliche Menge an Traubensaft und damit Zucker. Original italienischer Balsamicoessig kostet um ein Vielfaches mehr, ist dafür aber frei von Saft- und Zuckerzusätzen.

Nitrat im Salat

Blattsalate und Blattgemüse, z. B. Rucola und Spinat, enthalten Nitrat. Nitrat kann die Entstehung von Magenkrebs begünstigen. Es gibt mehrere Möglichkeiten, um den Nitratgehalt gering zu halten. Wenn Sie selbst keinen Garten haben, dann nutzen Sie den Anbau auf dem Balkon oder kaufen Sie Freilandgemüse. Die Sonne reduziert den Nitratgehalt. Ernten Sie den Salat am späten Vormittag, an sonnigen Tagen ist der Nitratgehalt besonders gering. Glashausgemüse weist von Haus aus einen höheren Nitratgehalt auf.
Geben Sie die äußeren Blätter weg und schneiden Sie den Strunk und die groben Blattrippen heraus. In ihnen versteckt sich am meisten Nitrat.

Rohkostsalate

Gönnen Sie sich immer wieder Rohkostsalate aus frischem Gemüse und Obst wie Karotten, Sellerie, Zucchini, Lauch, Äpfel etc. Einfach alle Zutaten würfeln oder mit dem Gemüsehobel fein schneiden und mit der Marinade mischen.

Bittersalate als Cholesterinausgleich

Bittersalate, z. B. Endivien, Radicchio, Zuckerhut oder Brüssler Spitzen, gleichen einen Teil des Cholesterins aus. Bittersalate nicht einweichen, sonst verlieren sie die Wirkung. Besser fein schneiden und kräftig marinieren, das überdeckt den Bittergeschmack.

> Zeitspar- und Zubereitungstipps <

Schneiden von Gemüse und Salat

Mit einem Gemüseschneidhobel schneiden oder raspeln Sie in kürzester Zeit große Mengen von Zwiebeln über Karotten bis hin zu Obst, z. B. Äpfel.

Salatmarinade auf Vorrat herstellen

Sie möchten eine schnelle einfache Marinade, die Sie nicht

jeden Tag aufs Neue anrühren müssen? Dann zaubern Sie sich Ihr Dressing auf Vorrat. Rezepte dazu finden Sie auf den Seiten 52 ff. Einfach alle im Rezept angegebenen Zutaten in eine Flasche geben, schütteln und im Kühlschrank aufbewahren. Vor dem Gebrauch noch einmal schütteln und schon ist Ihre Marinade gebrauchsfertig. Die Marinaden halten im Kühlschrank mindestens 1 Woche (vorausgesetzt die Ausgangsprodukte sind so lange haltbar, z. B. Jogurt).

Geben Sie frische Kräuter, Tiefkühlkräuter, Knoblauch und frische Zwiebel immer frisch zum Salat, nicht in die Marinade, ansonsten können die genannten Zutaten verderben sowie den Geschmack und die Wirkstoffe, wie z. B. Vitamine, verlieren.

Warum enthalten die empfohlenen Marinaden kein Öl?

Das hat mehrere Gründe.

Öl setzt sich in der Marinadenflasche sofort ab.

Der Salat schmeckt öliger, wenn Sie das Öl direkt über den Salat träufeln.

Sie können die Ölsorten, je nach gewünschter Wirkung, variieren.

Salat marinieren auf die Schnelle

Geben Sie den Salat in eine gut schließende Schüssel mit Deckel, Marinade dazu, zudecken, schütteln, und schon können Sie den Salat genießen.

Marinade zu scharf?

Verdünnen Sie die Marinade mit Wasser oder Gemüsebrühe.

Blitzschnell-Marinade *Auf Vorrat*

½ l naturtrüber Apfelessig ohne
Zucker- und Mostzusatz
4 EL Estragonsenf (80 g)
ca. 3 TL Kräutersalz (25 g)

Alle Zutaten der Reihe nach in eine Flasche geben,
gut schütteln und im Kühlschrank aufbewahren.

Gesamtmenge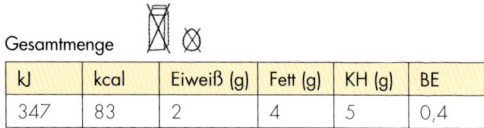

kJ	kcal	Eiweiß (g)	Fett (g)	KH (g)	BE
721	174	7	3	9	0,7

Milde Suppenwürfelmarinade *Auf Vorrat*

½ l Wasser, kochend heiß
(Wasserkocher)
1 Suppenwürfel ohne Hefe, ohne
Glutamat, glutenfrei
ca. 3 TL Kräutersalz (25 g)
1 EL Estragonsenf (20 g)
⅛ l naturtrüber Apfelessig ohne Zucker-
und Mostzusatz (125 g)

Alle Zutaten in eine 1-Liter-Flasche füllen und gut
verschließen. Die Flasche mit einem Geschirrtuch
umwickeln und kräftig schütteln.
✗ **Achtung!** Die Flasche wird sehr heiß! Abkühlen
lassen und im Kühlschrank aufbewahren.

Gesamtmenge

kJ	kcal	Eiweiß (g)	Fett (g)	KH (g)	BE
347	83	2	4	5	0,4

> Tipp <

Diese Marinade empfehle ich
jenen Personen, die die Säure herkömmlicher Marinaden im Magen
schlecht vertragen.

Darmverwöhn-Marinade *Auf Vorrat*

½ l naturtrüber Apfelessig ohne
Zucker- und Mostzusatz
1 Becher Naturjogurt, probiotisch
(250 g)
1 EL Estragonsenf (20 g)
ca. 3 TL Kräutersalz (25 g)
Kümmel, gemahlen

Alle Zutaten der Reihe nach in eine Flasche
geben, gut schütteln und im Kühlschrank
aufbewahren.

Gesamtmenge   ⊘

kJ	kcal	Eiweiß (g)	Fett (g)	KH (g)	BE
1207	291	12	11	16	1,3

> Tipp <

„Aufgeblasen wie ein Ballon", so fühlt sich manch einer nach dem Genuss eines Salates. Beugen Sie dem
vor, indem Sie antiblähenden Kümmel in die Marinade mixen.
Probiotische Bakterien unterstützen den Aufbau einer gesunden Darmflora bzw. stärken einen schwachen
Darm mit frischem, gesundem Bakteriennachwuchs.

Basilikum-Marinade *Auf Vorrat*

½ l naturtrüber Apfel- oder Weißwein-
essig ohne Zucker- und Mostzusatz

1 EL Estragonsenf (20 g)
1 EL Basilikum, getrocknet
ca. 3 TL Salz (25 g)

Alle Zutaten der Reihe nach in eine Flasche
geben, gut schütteln und im Kühlschrank vor
Verwendung einen Tag ziehen lassen. Im Kühlschrank aufbewahren.

Gesamtmenge   ⊘

kJ	kcal	Eiweiß (g)	Fett (g)	KH (g)	BE
476	114	3	1	4	0,4

Kunterbunte Salatsaucen

Die folgenden Dressings reichen für mindestens 2 Salatportionen. Die Mengen können beliebig erweitert werden.

Jogurt als Salatsauce

Würzen Sie Naturjogurt mit beliebigen Kräutern, Gewürzen und Knoblauch. Schon haben Sie eine blitzschnelle Salatsauce.

Blauschimmelkäsedressing (siehe Foto S. 55 links)

20 g Blauschimmelkäse mit 3 EL Apfelessig, 5 EL kalter Gemüsebrühe, 1 EL Naturjogurt und ½ TL Senf pürieren. Mit Kräutersalz würzen.
Hält im Kühlschrank 2 Tage.

Knoblauch-Zitronendressing

2 Zehen Knoblauch hacken, mit Saft und Schale einer ½ Zitrone, geschrotetem Pfeffer und 3 EL Apfelessig vermischen. Mit Kräutersalz würzen. Bei Bedarf mit Wasser verdünnen.
Hält im Kühlschrank 2 Tage.

Kreuzkümmel-Chili-Dressing

1 Msp. Kreuzkümmel in einer Pfanne ohne Fett rösten. Auskühlen lassen. Mit 5 EL Essig, 1 gehackten Zehe Knoblauch, 3 Msp. Curry, 1 Prise Chili, Kräutersalz und 5 EL Gemüsebrühe aufmixen.
Hält im Kühlschrank 2 Tage.

Tomaten-Tabasco-Dressing

1 Tomate fein hacken, 1 Zwiebel fein hacken, 1 Zehe Knoblauch fein hacken, 5 EL Apfelessig, 5 EL Gemüsebrühe und 3 EL Olivenöl untermengen.
Mit Kräutersalz abschmecken.
Hält im Kühlschrank 2 Tage.

Tabasco-Dressing
1 EL Sauerrahm, 3 EL Apfelessig, 1 Schuss Tabascosauce, Kräutersalz,
5 EL Gemüsebrühe. Alle Zutaten verrühren.
Hält im Kühlschrank 5 Tage.

Rohnendressing (siehe Foto unten rechts)
¼ gekochte Rohne raspeln, 1 EL Naturjogurt, 2 EL Apfelessig, 5 EL
Gemüsebrühe, Kräutersalz, evtl. Kümmel. Alle Zutaten pürieren.
Hält im Kühlschrank 2 Tage.

Paprikadressing
1 rote Paprika in Würfel schneiden, 1 Zehe Knoblauch hacken, 4 EL Apfelessig,
5 EL Gemüsebrühe, je 5 Blätter Oregano, Majoran und Basilikum, Kräutersalz.
Alles pürieren.
Hält im Kühlschrank 2 Tage.

Scharfes Magenschutzdressing *Auf Vorrat*

½ l naturtrüber Apfelessig ohne
Zucker- und Mostzusatz
je 2 Msp. Pulver von Chili, Ingwer,
Paprika, Pfeffer und Piment
1 TL Oregano, getrocknet
3 TL Kräutersalz (ca. 15 g)
1 EL Estragonsenf (20 g)

Alle Zutaten der Reihe nach in eine Flasche
geben, gut schütteln und im Kühlschrank
aufbewahren. Einen Tag durchziehen lassen.

Gesamtmenge

kJ	kcal	Eiweiß (g)	Fett (g)	KH (g)	BE
530	129	4	1	6	0,5

> Tipp <

Die meisten scharfen südländischen Gewürze wirken antibio-
tisch und helfen damit, uns vor Krankheiten zu schützen.
Bauen Sie einen Magenschutz auf und essen Sie hin und wieder Scharfes. Aber Vorsicht! Wenn Sie bereits an einer Gastritis
erkrankt sind, dann Hände weg von Scharfem, das würde die
Beschwerden nur noch verschlimmern. Übrigens: Wenn's
einmal zu scharf gewürzt ist, dann mildern Sie die Schärfe mit
irgendeinem Milchprodukt, z. B. einem Stück Käse oder etwas
Naturjogurt, oder, wenn Sie die asiatische Variante mögen,
nehmen Sie Kokosflocken als „Entschärfer".

Suppentöpfe als Hauptgerichte

Wärmende Streicheleinheiten von innen

Suppen sind gerade in der kalten Jahreszeit eine wahre Medizin. Sie wirken wärmend und fördern die Durchblutung. Das ist in Grippezeiten besonders sinnvoll, da so die Abwehrstoffe, also die so genannten Immunglobuline, schneller an ihr Ziel kommen. Im Sommer dagegen empfiehlt sich eine kalte Suppe, wie z. B. Gazpacho, als erfrischender vitaminreicher Muntermacher.

Suppen sind als Vorspeise während der Woche selten geworden, deshalb habe ich die Rezepte so kalkuliert, dass Sie z. B. in Verbindung mit einem Salat und einem Vollkornbrot für eine leichte Hauptspeise ausreichen.

✗ **Achtung Diabetiker!** Gemüse in Suppen- und Püreeform erhöht den Blutzucker viel rascher als rohes Gemüse.

Wenn schon Suppenwürfel, dann ohne Hefe, Glutamat und Gluten!

Mal ehrlich: Wer hat nicht schon einmal auf Suppenwürfel oder -würzen zurückgegriffen? Achten Sie beim Kauf auf die Qualität.

Die Suppenwürfel sollten frei von Glutamat sein, da dieses Ihr natürliches Geschmacksempfinden stört. Auch Hefekonzentrate sind nicht ideal, da diese sich bei Gicht ungünstig auswirken können. Glutenfreie Suppenwürzen sind

Wurzelgemüse sollte in keiner gesunden Suppe fehlen.

für Menschen mit Zöliakie und Weizenallergie wichtig. Ist der Suppenwürfel weich, d. h., lässt er sich mit der Hand zusammendrücken und zerbröselt nicht wie ein herkömmlicher Suppenwürfel, dann haben Sie gut gewählt. Der Anteil an harten, figur- und den Cholesterinhaushalt belastenden Fetten ist bei weichen Suppenwürfeln gering.

Mit Suppenwürfeln und Fertigwürzen kann geschmacklich nicht viel schiefgehen. Was die gesunden Inhaltsstoffe anbelangt, liegen allerdings Meilen zwischen einer hausgemachten Gemüsebrühe (siehe S. 59) und den gekauften Suppenwürzen.

Suppenwürze hausgemacht

Auf Vorrat

800 g Gemüse, z. B. Lauch, Knoblauch, Zwiebeln, Karotten, Pastinaken, Petersilienwurzeln, Knollensellerie, Kohlrabi
100 g frische Kräuter, z. B. Petersilie, Liebstöckel (Maggikraut), Majoran
250 g Salz mit Jod und Fluor

Alle Zutaten in einer Moulinette fein hacken. In Schraubverschlussgläsern aufbewahren. Die Würze kann sich nach einigen Tagen braungrau verfärben, das ist aber kein Problem. Angebrochene Gläser im Kühlschrank aufbewahren.

Gesamtmenge

kJ	kcal	Eiweiß (g)	Fett (g)	KH (g)	BE
1080	260	12	2	46	3,7

Gemüsebrühe – hausgemacht

1 l Wasser

Gewürze

1 TL Majoran, getrocknet, ½ TL Kümmel, 1 Lorbeerblatt, 10 Pimentkörner, 10 Pfefferkörner, ¼ Muskatnuss, 1 TL Thymian, getrocknet, Selleriestängel, Petersilienstängel

Wurzelgemüse

Knollensellerie, Petersilienwurzel, Karotten, Zwiebel, ungeschält, Knoblauch, Lauch

Petersilienblätter
Sellerieblätter

Wasser aufkochen. Gewürze hinzufügen. Zugedeckt ca. 1 Stunde leicht wallend ziehen lassen. Evtl. etwas kochend heißes Wasser nachgießen.

Nach 1 Stunde Garzeit das in grobe Stücke geschnittene Wurzelgemüse hinzufügen. Zugedeckt leicht wallend weitere 45 Min. ziehen lassen.

10 Min. vor Garende die grob gehackten Blätter von Petersilie und Sellerie hinzufügen und zudecken.

Suppe abseihen.

Fleischsuppe

6 Rindsknochen
500 g Beinfleisch
2 l kochendes Wasser

Gewürze

10 Pfefferkörner, 15 Pimentkörner,
½ TL Korianderkörner, 2 Lorbeerblätter, evtl. 1 Gemüsebrühwürfel ohne
Hefe und ohne Glutamat, ½ Muskatnuss

Wurzelgemüse

6 gelbe Zwiebeln mit Schale, halbieren,
5 Knoblauchzehen, halbieren, 4 große
Karotten, in grobe Stücke schneiden,
1 Sellerieknolle, in grobe Stücke
schneiden, 2 Petersilienwurzeln,
in grobe Stücke schneiden, 1 Pastinake
(alte Gemüsesorte, ähnlich der Petersilienwurzel), in grobe Stücke schneiden,
1 Stange Lauch

ca. 1 l kochendes Wasser

Kräuter

5 Thymianstängel oder 1 TL
getrockneter Thymian, 10 Petersilienstängel oder 3 EL getrocknete Petersilie,
10 Selleriestängel von einer Sellerieknolle oder 3 EL getrockneter Sellerie,
10 Stängel Liebstöckel (Maggikraut)
oder 3 EL getrockneter Liebstöckel

Kräutersalz

Schnittlauch zum Bestreuen

Knochen waschen und von Knochensplittern
befreien. Gut abtrocknen. Ohne Fett mit dem
Fleisch rundherum scharf anrösten. Mit kochendem Wasser (aus dem Wasserkocher) aufgießen.
Gewürze hinzufügen. Zudecken. Leicht wallend
mindestens 2 Std. ziehen lassen. Nicht zu stark
kochen, sonst wird die Suppe trüb.

Gemüse in grobe Stücke schneiden, Zwiebeln
halbieren. Ohne Fett in einer Pfanne kurz rösten.
Mit kochendem Wasser aufgießen. Die Gemüse-
Wassermischung mit den Kräutern in die Fleisch-
brühe geben. Zugedeckt noch einmal
ca. 30 Min. köcheln lassen. Abseihen.
Salzen und beim Servieren mit Schnittlauch
bestreuen.

> Suppe entfetten <

Ich verwende dazu am liebsten Omas Kaffeekanne. Einfach
die Suppe in eine Kaffeekanne füllen. Das Fett schwimmt
oben, der Ausguss ist unten. Wenn Sie die Suppe aus der
Kanne gießen, haben Sie nur am Anfang ein wenig Fett dabei,
das restliche Fett bleibt in der Kanne; vorausgesetzt, Sie hören
mit dem Herausgießen auf, wenn die Fettschicht beginnt.
Andere Methoden, wie z. B. durch einen Kaffeefilter gießen
oder kalt werden lassen und abschöpfen, funktionieren zwar
ebenfalls, Letzteres ist aber wegen des Vitaminverlustes in der
Abkühlphase nicht empfehlenswert. Außer Sie kühlen die
Suppe blitzschnell ab, indem Sie sie z. B. in Eiswasser stellen.
Dann geht der Vitaminabbau viel langsamer vonstatten.

Bohnensuppentopf

4 große Portionen

1 Zwiebel (100 g), hacken

1 EL Rapsöl (10 g)

ca. 6 Knoblauchzehen, hacken

2 Msp. Chilipulver

2 kleine Dosen gegarte Bohnen
(gesamt 510 g Abtropfgewicht)

ca.1¼ l Wasser, kochend heiß
(Wasserkocher)

1 Suppenwürfel ohne Hefe, Glutamat,
glutenfrei

1 Dose Tomaten (ca. 400 g)

ca. 1 EL Apfelessig, naturtrüb (10 g)

Gewürztipp

Kräutersalz, Pfeffer, Petersilie, Muskat,
Thymian, Rosmarin, Majoran,
Basilikum, Lorbeer, Bohnenkraut

Zwiebel anrösten. Knoblauch und Chilipulver
kurz mitrösten. Zu langes Rösten macht den
Knoblauch bitter.
Restliche Zutaten hinzufügen.
Zugedeckt aufkochen lassen, abschmecken.
Mit frisch gehackten Kräutern bestreuen.

pro Portion

kJ	kcal	Eiweiß (g)	Fett (g)	KH (g)	BE
578	138	8	4	17	1,4

> Schon gewusst? <

Wussten Sie, dass Bohnen Ihren Darm verwöhnen? Die Ballaststoffe aus den Bohnen „putzen" den Darm durch! Geben Sie in
jedes Bohnengericht einen Schuss Essig, das macht die Bohnen
leichter bekömmlich. Kümmel beugt gegen Blähungen vor.

Kartoffelsuppe, samtweich *4 große Portionen*

1 Zwiebel (100 g), hacken
1 EL Rapsöl (10 g)
500 g vorwiegend festkochende rohe
Kartoffeln, ungeschält in Würfel
schneiden
1 EL Apfelessig naturtrüb (10 g)
ca. 1½ l Wasser, kochend heiß
(Wasserkocher)
1 Suppenwürfel ohne Hefe, Glutamat,
glutenfrei

Gewürztipp

Majoran, Lorbeerblätter, Kräutersalz,
Pfeffer, Petersilie, Liebstöckel
(= Maggikraut), Kerbel

Zwiebel anrösten. Kartoffeln hinzufügen und kurz mitrösten, mit Essig ablöschen und restliche Zutaten hinzufügen. Zugedeckt weich kochen lassen. Bei Bedarf etwas kochendes Wasser nachgießen.

Mithilfe eines Siebschöpfers einen Teil der Kartoffeln herausschöpfen und auf die Seite geben. Restliche Suppe pürieren, mit den auf die Seite gegebenen Kartoffeln vermengen und mit frischen Kräutern bestreuen.

pro Portion

kJ	kcal	Eiweiß (g)	Fett (g)	KH (g)	BE
533	127	3	3	20	1,7

> Majoran <

Wussten Sie, dass Majoran ein typisches Kartoffelgewürz ist? „Verwöhnen" Sie Ihre Kartoffelgerichte mit etwas Majoran. Und verwöhnen Sie sich, denn Majoran wirkt beruhigend.

Gemüsepüreesuppe mit Variationen 4 große Portionen

1½ l Wasser, kochend heiß
(Wasserkocher)
400 g Gemüse, frisch oder gefroren,
große Stücke grob würfeln
1 Suppenwürfel ohne Hefe, Glutamat,
glutenfrei
3 Zehen Knoblauch
Knapp 1 Tasse Milch (100 g)
1 hühnereigroße mehlige rohe
Kartoffel (70 g), ungeschält vierteln

Gewürztipp

Kräutersalz, Pfeffer, Muskat,
Liebstöckel (Maggikraut),
1 Bund frischer Schnittlauch zum
Bestreuen

Alle Zutaten in einen Schnellkochtopf geben. Zugedeckt einmal aufkochen lassen. Suppe pürieren. Mit frisch gehacktem Schnittlauch bestreuen.

Wenn Sie ausschließlich eine Gemüsesorte verwenden, können Sie auf diese Art und Weise köstliche Kürbis-, Sellerie-, Broccoli-, Zucchini- etc. Cremesuppen zubereiten.

pro Portion ⊗

kJ	kcal	Eiweiß (g)	Fett (g)	KH (g)	BE
254	60	2	2	8	0,7

> Gemüse- und Kartoffelgeschmack verstärken <

Für ein intensiveres Geschmackserlebnis backen Sie das ungeschälte rohe Gemüse bzw. die Kartoffeln im Backrohr vor. Dazu das rohe Gemüse bzw. die rohen Kartoffeln in Alufolie wickeln, glänzende Seite nach innen, und bei 160° C backen. Nach dem Garen das Gemüse bzw. die Kartoffeln mit einem Löffel aushöhlen und das Ausgehöhlte zu Püree, Suppe oder Sauce weiterverarbeiten.
Garprobe: Mit einem Zahnstocher oder Spieß in das Gemüse bzw. die Kartoffeln stechen; diese sind gar, wenn kein Widerstand spürbar ist.

Sauerkrautsuppe

4 große Portionen

1 Scheibe Schinkenspeck (20 g),
in Streifen schneiden
1 Zwiebel (100 g), hacken
1½ l Wasser, kochend heiß
(Wasserkocher)
1 Suppenwürfel ohne Hefe, Glutamat,
glutenfrei
1 Kartoffel (70 g) fein reiben
1 Pkg. Sauerkraut (500 g)

Gewürztipp
Kümmel, Wacholder, Pfeffer,
Paprikapulver, Kräutersalz

Petersilie zum Bestreuen

Speck ohne Fett anrösten, Zwiebel mitrösten.
Restliche Zutaten hinzufügen und ca. 10 Min.
kochen lassen.

Mit frisch gehackter Petersilie bestreuen.

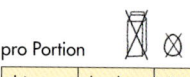

pro Portion

kJ	kcal	Eiweiß (g)	Fett (g)	KH (g)	BE
205	49	3	1	5	0,4

Gazpacho

4 Portionen

8 Stück sehr reife Tomaten (800 g)
1 kleines Stück Gurke (40 g),
ungeschält
1 kleine Zwiebel (60 g)
1 Paprikaschote (150 g)
1 Knoblauchzehe
1 Bio-Zitrone, geschält, geviertelt
Kräutersalz
Tabasco nach Geschmack

2 EL Olivenöl (20 g)
ca. 300 g eiskaltes Quell- oder
Mineralwasser

Basilikum zum Bestreuen

Alle Zutaten bis auf das Öl und das Wasser in
den Mixtopf geben und pürieren. Öl und Wasser
hinzufügen und noch einmal aufmixen.
Mit frisch gehackten Kräutern bestreuen. Sofort
servieren.

pro Portion

kJ	kcal	Eiweiß (g)	Fett (g)	KH (g)	BE
409	97	3	6	8	0.7

Polenta-Knoblauchsuppentopf mit Käse *4 große Portionen*

1 Zwiebel (100 g), hacken
1½ l Wasser, kochend heiß
(Wasserkocher)
1 Suppenwürfel ohne Hefe, Glutamat,
glutenfrei
80 g Polenta (= grober Maisgrieß)
150 ml Milch (150 g)
ca. 6 Zehen Knoblauch
Oregano, Majoran, Kräutersalz

Zum Bestreuen
100 g Hartkäse, reiben
1 Bund Schnittlauch, hacken

Beilagentipp
Salat, Vollkornbrot

Zwiebel ohne Fett anrösten. Restliche Zutaten
hinzufügen und zugedeckt garen. Dabei immer
wieder umrühren, damit die Polenta nicht am
Boden anhaftet.

Mit Käse und Schnittlauch bestreuen.

pro Portion

kJ	kcal	Eiweiß (g)	Fett (g)	KH (g)	BE
920	220	11	10	21	1,8

> Fettspar-Tipp <

Das Rezept wurde mit vollfettem Hartkäse berechnet. Sie sparen zusätzlich Fettkalorien, wenn Sie eine fettärmere Käsesorte wählen.

Kresserahmsuppe *4 Portionen* (siehe Foto S. 57)

➤ **40 g Weizen**
1 l Gemüsebrühe
Knapp 1 Tasse Milch (100 ml)
4 EL Rahm (30 g)
Knoblauch

2 Körbchen Kresse
Kräutersalz, Muskat

➤ Reis verwenden

Den Weizen schroten. Mit Gemüsebrühe, Milch,
Rahm und Knoblauch aufkochen. Zugedeckt
weich kochen, dabei immer wieder umrühren, da
die Suppe leicht anbrennt. Kresse und Gewürze
hinzufügen und pürieren.

pro Portion

kJ	kcal	Eiweiß (g)	Fett (g)	KH (g)	BE
260	62	2	3	7	0,6

Kräutersuppe-Variationen *4 große Portionen*

1 große Zwiebel (100 g), hacken
1½ l Wasser, kochend heiß
(Wasserkocher)
1 Suppenwürfel ohne Hefe, Glutamat,
glutenfrei
6 Knoblauchzehen
1 mehlige Kartoffel (100 g),
ungeschält, roh fein reiben
⅛ l Milch (125 g)
Muskat, Kräutersalz, Pfeffer

Zum Vollenden und Bestreuen
500 g Bärlauch, Brennnesseln,
Sauerampfer, Spinat oder 800 g Salat,
in grobe Stücke zerteilt

Zwiebel ohne Fett rösten. Aufgießen und restliche
Zutaten hinzufügen. Zugedeckt ein paar Minuten
kochen lassen, dabei immer wieder umrühren,
damit die Suppe nicht anbrennt. Kräuter oder
Salat hinzufügen (ein paar Löffel davon als
Garnitur auf die Seite geben), ca. 3 Min.
mitkochen und die Suppe pürieren.

✗ **Achtung!** Nicht zu lange kochen, sonst wird
die Suppe braun.

Mit den auf die Seite gegebenen Kräutern
bestreuen.

pro Portion

	kJ	kcal	Eiweiß (g)	Fett (g)	KH (g)	BE
mit Kräutern	572	137	8	3	19	1,6
mit Salat	412	98	5	2	14	1,1

Errötete Zucchinisuppe

1 Portion als Hauptspeise oder zwei Portionen als Vorspeise

Ca. ½ l hausgemachte Gemüsebrühe
oder
Ca. ½ l Wasser + ¼ Gemüsebrühwürfel
ohne Hefe und ohne Glutamat
¼ Glas Kuhmilch (50 g)

1 Zucchini frisch (120 g), grob raspeln
1–2 Knoblauchzehen
1 hühnereigroße mehlige Kartoffel
(70 g), roh, mit Schale fein raspeln
1 TL Tomatenmark (10 g)
Kräuter nach Belieben, z. B. Majoran

ca. 1 EL Sauerrahm (30 g)

Beilagentipp
Vollkornbrot und Salat

✗ **Achtung!** Geben Sie die Zucchini
und Kartoffel immer in die kochend
heiße Flüssigkeit. Nur so bleiben die
Vitamine und Wirkstoffe am besten
erhalten.

Gemüsebrühe mit der Milch aufkochen. Restliche
Zutaten bis auf den Sauerrahm dazugeben und
10 bis 15 Min. zugedeckt weich kochen. Immer
wieder umrühren, sonst brennt die Suppe an.

Die Suppe vom Herd nehmen. Mit dem Pürierstab pürieren.
Sauerrahm hinzufügen und noch einmal rasch
pürieren. Nicht mehr aufkochen, sonst flockt der
Sauerrahm aus.

Gesamtmenge ⊗

kJ	kcal	Eiweiß (g)	Fett (g)	KH (g)	BE
759	181	7	8	20	1.65

> Mögen Sie Ihre Suppe gerne mit Biss? <

Dann geben Sie etwas rohe Zucchini auf die Seite. In kleine
Würfel schneiden und in die pürierte Suppe geben. Ca. 2 Min.
kochen. **Achtung!** In diesem Fall geben Sie den Sauerrahm
erst nach dem Kochen dazu, also nicht mitpürieren, sonst
flockt der Sauerrahm aus.

Gerstensuppe

Für die Gerstensuppe
➤ 100 g Gerste
Evtl. 30 g Bohnen
1½ l Wasser
Lorbeer, Muskat, Pfefferkörner,
Piment: in ein Tee-Ei geben

1 Scheibe Karreespeck

Für die Gemüseeinlage
200 g Wurzelgemüse (Lauch, Sellerie,
Karotten, Zwiebel, Petersilienwurzel,
Pastinaken …)
⅛ l Wasser

Kräutersalz
1 Schuss Apfelessig
Petersilie zum Bestreuen

Beilagentipp
Salat

➤ ✗ Reis oder anderes glutenfreies
Getreide verwenden

Mindestens 4 Portionen

Gerste in den Dünsteinsatz des Schnellkochtopfs geben. Mit dem Wasser übergießen. Über Nacht quellen lassen.

Am nächsten Tag mit den Gewürzen im Tee-Ei und dem Speck ca. 10 Min. unter Druck kochen. Gewürze herausnehmen.

Wurzelgemüse beliebig schneiden. Ohne Fett anrösten. Mit Wasser aufgießen und zugedeckt ca. 5 Min. kochen lassen. Zur Gerste geben.

Wenn es schnell gehen soll: Geschnittenes Gemüse ohne Anrösten direkt in die kochend heiße Gerstensuppe geben und zugedeckt ca. 5 Min. kochen lassen.

Gerste mit Essig und Kräutersalz abschmecken. Mit Petersilie bestreuen.

pro Portion					
kJ	kcal	Eiweiß (g)	Fett (g)	KH (g)	BE
370	88	4	5	7	0.6

> Schon gewusst? <

Gerste enthält cholesterinbindende β-Glucane. Gerstensuppe eignet sich daher perfekt als Vorspeise vor deftigen Gerichten.

Köstlicher Fisch

Jungbrunnen aus dem Meer

- ➤ Fisch – frisch gehüllt
- ➤ Gemüse-Fisch-Pfannen und -Aufläufe
- ➤ Fisch mit knusprigen Krusten
- ➤ Marinierter Fisch

Fisch aus dem Meer liefert wertvolle Omega-3-Fettsäuren. Auch österreichischer Alpenlachs erfüllt diese Eigenschaften und wird daher immer häufiger gezüchtet. Die Omega-3-Fettsäuren zeichnen sich durch eine Fülle an gesundheitserhaltenden und heilenden Funktionen aus. Sie dienen z. B. als Vorbeugung einer Arterienverkalkung, reduzieren entzündliche Prozesse, wie z. B. Darmentzündungen und Rheumabeschwerden, und wirken positiv bei Diabetes mellitus.
Achten Sie beim Fischkauf auf ausgezeichnete Qualität und Produkte von Betrieben, die beim Fischen auf den Umweltschutz achten. Als Leitfaden kann der WWF-Fischführer dienen. Das MSC-Umweltsymbol (Marine Stewardship Council) kennzeichnet Fischprodukte aus nachhaltiger Fischerei.

Fisch ganz nach Wahl

Um Ihre gesunde Fischküche abwechslungsreich und flexibel zu halten, wurde bei den Rezepten bewusst darauf verzichtet, bestimmte Fischsorten zu empfehlen. Alle Rezepte lassen sich mit jedem beliebigen Fisch zubereiten. Ziehen Sie Naturfilets den „Vierkant-Pressfilets" vor. Nicht nur aus geschmacklichen Gründen! Naturfilets, sind wie der Name schon sagt, Filets, die direkt aus dem Fischfleisch herausgeschnitten werden, also keine zusammengepressten Reste.

In Kohlblätter gehüllter Kürbisfisch (siehe S. 75)

> Zubereitungstipps <

Fischvorbereitung

3-S-Methode lautet die bekannte Grundregel, nämlich Säubern – Säuern mit Zitronensaft und Salzen.

Säubern

Spülen Sie den Fisch oder das Filet unter fließendem kalten Wasser ab. Legen Sie den Fisch niemals in Wasser, da das Fischfleisch dabei auslaugt. Den Fisch gut abtropfen lassen oder mit einem Tuch abtrocknen.

Säuern

Durch das Beträufeln mit Zitronensaft

➤ werden unerwünschte ungesunde Stoffe durch das Vitamin C aus der Zitrone „entschärft"

➤ kann das Eisen aus dem Fisch besser aufgenommen werden

➤ wird das Fischfleisch fester und zerfällt nicht so rasch

➤ wird der Fischgeruch gebunden

➤ wird der Fisch würziger

➤ wird das Fleisch weißer

Für die optimale Kombination ist also die Zitrone sehr wichtig!

Salzen

Salzen Sie den Fisch erst kurz vor oder nach dem Garen, sonst schmeckt der Fisch trocken.

So bleibt der Fisch saftig

Kaufen Sie, wenn möglich, ein Fischfilet mit Haut. Die Haut schützt beim Garen vor dem Austrocknen. Fisch immer mit der Hautseite nach unten in die Pfanne oder Auflaufform legen.

Fisch braten

Braten Sie den Fisch immer auf der Hautseite an. Temperatur zurückschalten, evtl. mit wenig Wasser aufgießen, zudecken und so lange garen lassen, bis das Fischfleisch fest wird, also durch ist. Umdrehen und auf der zweiten Seite kurz braten.

Die Gardauer ist von der Dicke des Fischfilets abhängig und kann von 3 Min. bis über 10 Min. dauern.

Fischgewürze

Oft reichen Zitronensaft und Kräutersalz als Geschmacksgeber aus. Wenn Sie dem Fisch eine besondere Note verleihen möchten, dann würzen Sie zusätzlich mit Pfeffer, Basilikum, Knoblauch, Dill, Rosmarin, Cayennepfeffer, Curry, Nelken, Ingwer, Kerbel, Muskat, Piment, Salbei, Senfkörnern, Ysop oder Zitronenschale.

Fisch – frisch gehüllt, Basisrezept *1 Portion als Hauptspeise*

Hülle
wählen Sie **eine** der folgenden Hüllen
- ➤ 1 Vollkorn-Strudelteigblatt (30 g)
- ➤ dünne Scheiben von Zucchini, Karotten oder Aubergine
- ➤ blanchierte Kraut- oder Kohlblätter
- ➤ Backpapier
- ➤ Alufolie

Füllen
siehe Seite 74 f.

Fischeinlage
Fischfilet, Zitronensaft, Kräutersalz

Beilagentipp
Salat, Kartoffeln, Gemüse, Brot …

- ➤ ✗ Wenn Strudelteig, dann glutenfreien Strudelteig verwenden

Allgemeine Zubereitung
1. Fülle vorbereiten
2. Fisch ohne Fett auf beiden Seiten ein paar Sekunden anbraten
3. Hülle vorbereiten
4. Fisch in die Hülle legen
5. Fülle darüber verteilen
6. einpacken und
7. backen oder dämpfen

Zubereitung im Backrohr
➤ in **Strudelteig** bzw. **Backpapier** eingepackt: Eingepackten Fisch in eine ofenfeste Form geben und bei 160 °C so lange backen, bis der Strudelteig bzw. das Backpapier braun wird.

➤ in **Gemüse** eingepackt: Eingepackten Fisch in eine ofenfeste Form geben, mit ⅛ l Gemüsebrühe aufgießen, zudecken und zugedeckt bei 170 °C ca. 30 Min. garen.

➤ in **Alufolie** eingepackt: Fisch in Alufolie einpacken, glänzende Seite nach innen, und bei 170 °C ca. 30 Min. backen.

Zubereitung im Dampfgarer
Eingepackten Fisch in einen ungelochten Einsatz geben und bei 100 °C ca. 15 Min. dämpfen.

✗ **Achtung!** In Strudelteig Eingepacktes gelingt nur im Backrohr! Alles andere auch im Dampfgarer.

Hüllen

Strudelteig

Strudelteigblatt ausbreiten. Fisch in die Mitte setzen. Fülle darüber verteilen. Teig rundherum mit wenig Olivenöl bestreichen. Fisch einpacken.

✗ **Achtung!** Garen nur im Backrohr möglich!
Strudelteig trocknet sehr rasch aus! Öffnen Sie die Packung daher erst, wenn Sie die Fülle und den Fisch vorbereitet haben. Geben Sie nicht benötigte Strudelteigblätter in eine gut verschließbare Schüssel.

In Strudelteig gehüllter Cremefisch (siehe S. 75)

Zucchini, Karotten, Aubergine

Mit einem Kartoffelschäler oder der Wurstmaschine 2 mm dicke Streifen herunterschneiden. Streifen dicht nebeneinander in eine ofenfeste Form legen. Fisch in die Mitte setzen. Fülle darüber verteilen. Die Streifen von unten nach oben über den Fisch ziehen. Mit Gemüsestreifen den Fisch rundherum gut abdecken. Lassen sich die Karotten schlecht biegen, dämpfen oder blanchieren Sie sie für 2 Min. vor.

Blanchierte Kraut- oder Kohlblätter

Blätter mit einem Fleischklopfer am Strunk weich klopfen. Die Blätter ca. 1 Min. in kochendes Wasser legen oder im Dampfgarer dämpfen. Das blanchierte Blatt in eine ofenfeste Form legen. Fisch in die Mitte setzen. Fülle darüber verteilen. Mit den Blättern den Fisch rundherum gut abdecken.

Backpapier, Alufolie

Fisch und Fülle in Backpapier oder leicht befettete Alufolie – glänzende Seite nach innen – gut einpacken. Es dürfen keine Löcher oder offenen Stellen sein.

Füllen

Chinakohl-Sojasprossen-Fisch

200 g Chinakohl, fein nudelig schneiden, 50 g Sojasprossen, Sojasauce, Salz; Chinakohl in 1 TL Olivenöl kurz anbraten, restliche Zutaten hinzufügen. 2 Min. zugedeckt dünsten.

Asiatischer Fisch

1 kleine Zwiebel fein hacken, 1 Stange Staudensellerie in ca. 3 mm dicke Scheiben schneiden, 1 rote Paprikaschote würfeln, 2 EL Sojasauce, Curry, Salz; Zwiebel ohne Fett anrösten. Restliche Zutaten hinzufügen. Zugedeckt 2 Min. dünsten.

Süß-saurer Fisch

1 haselnussgroßes Stück Ingwer frisch reiben, 1 TL Currypulver, 1 Schuss Tabasco, 100 g Ananas würfeln, 100 g Mango würfeln, 1 Zwiebel fein hacken und rösten, Salz; alle Zutaten vermengen.

Wildkräuterfisch

150 g Wildkräuter grob hacken, 2 Zehen Knoblauch grob hacken, Kräutersalz, Pfeffer; alle Zutaten vermengen.

Salbei-Tomatenfisch

1 große Fleischtomate in Spalten schneiden, 2 Zweige Thymian, 2 Salbeiblätter, 1 EL Oliven hacken, 1 EL Kapern, Zitronenschale, Kräutersalz; alle Zutaten vermengen.

Thymianfisch

6 Thymianzweige, 5 EL Weißwein, Kräutersalz; den Fisch mit Weißwein beträufeln und mit Thymianzweigen belegen. Salzen.

Lorbeerfisch

1 frisches Lorbeerblatt in Streifen schneiden, Zitronenschale, Pfeffer, Kräutersalz, 1 TL Olivenöl; alle Zutaten vermengen und den Fisch damit einreiben.

Fenchelfisch ⊗ ⊠

1 Fenchelknolle sehr fein hobeln, 2 Zehen Knoblauch hacken, Kräutersalz; Fenchel und Knoblauch mit 5 EL Wasser ca. 2 Min. dünsten. Salzen.

Tomatenfisch ⊗ ⊠

Thymian, Rosmarin, Knoblauch, 1 große Fleischtomate in Würfel schneiden, Kräutersalz; alle Zutaten vermengen.

Zwiebel-Zimt-Fisch ⊗ ⊠

1 Zwiebel in Spalten schneiden und braten, 1 kleine Zucchini in Scheiben schneiden und mitbraten, 1 Msp. Zimt, 1 EL gehackte, geröstete Walnüsse, evtl. 1 TL Rosinen, 1 Msp. Honig, Kräutersalz; alle Zutaten vermengen.

Kürbisfisch (siehe Foto S. 70) ⊗ ⊠

250 g Kürbis würfeln oder in Streifen hobeln und kurz ohne Fett anbraten, mit 4 EL Wasser ablöschen. 1 große Prise Zimt hinzufügen, Salzen; alle Zutaten vermengen.

Rohnenfisch ⊗ ⊠

200 g vorgegarte Rohnen würfeln, 1 kleinen Apfel ungeschält würfeln, Kümmel, Salz; alle Zutaten vermengen.

Cremefisch (siehe Foto S. 73) ⊗

2 Stangen Stangensellerie in ca. 2 mm dicke Scheiben schneiden, 1 Fleischtomate würfeln und mit dem Sellerie anbraten. Vom Herd nehmen. 1 EL Sauerrahm hinzufügen. 1 Salbeiblatt, 2 Stängel Thymian und ein paar Oreganoblätter hacken und untermengen. Salzen.

Fisch in Germteig

4 große Portionen

4 Fischfilets á 150 g,
in Streifen schneiden
Zitronensaft, Kräutersalz

Germteig
¼ l Wasser (250 g), lauwarm
¼ Würfel Germ (10 g)
➤ 200 g Weizen-Vollkornmehl
Kräutersalz
2 Eier

Beilagentipp
Salat, Gemüse

➤ 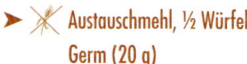 Austauschmehl, ½ Würfel
Germ (20 g)

Fisch in eine Silikonbackform oder ofenfeste
Form geben. Würzen. Den Teig darüber
verteilen. Im vorgeheizten Rohr bei ca. 170 °C
backen.

Germteig
Alle Zutaten der Reihe nach in eine Schüssel
geben und zu einem sehr weichen Germteig
verrühren. Den Teig nicht rasten lassen, sondern
sofort auf den Fisch geben.

pro Portion

kJ	kcal	Eiweiß (g)	Fett (g)	KH (g)	BE
1341	320	37	5	31	2,6

Gewürzfisch aus der Folie *4 große Portionen*

4 Fischfilets á 150 g
Zitronensaft, Kräutersalz, Petersilie,
Estragon **oder** Salbei
⅛ l Wasser (125 g)

Beilagentipp
Kartoffeln, Naturreis, Hirse,
Kartoffelpüree, Gemüse, Salat

1 Bratfolie oder 1 Bratschlauch

Alle Zutaten in einen Bratschlauch geben.
Den Bratschlauch nach Packungsanleitung
verschließen; schütteln, damit sich die Gewürze
verteilen können, und im vorgeheizten Rohr bei
180 °C backen.

Mit frisch gehackter Petersilie bestreuen.

✗ **Achtung!** Estragon und Salbei schmecken
sehr dominant. Verwenden Sie daher nur wenig
davon.

pro Portion

kJ	kcal	Eiweiß (g)	Fett (g)	KH (g)	BE
532	127	27	1	1	0,1

Fisch auf italienischem Gemüse *4 große Portionen*

4 Fischfilets á 150 g
Zitronensaft, Kräutersalz
2 EL Olivenöl (20 g)

1 Zwiebel (80 g), achteln
2 große Tomaten (300 g), achteln
3 Schoten bunte Paprika (500 g),
in Stücke schneiden
2 Zucchini (300 g), in Scheiben
schneiden
Knoblauch, Pfeffer, italienische Kräuter,
Zitronenschale
Wasser zum Aufgießen, kochend heiß
Kräutersalz, Oregano, Thymian,
Majoran, Basilikum oder Pizzagewürz

Fischfilets würzen und auf der Hautseite in Öl
anbraten. Herausnehmen. Gemüse in die
Pfanne geben und rösten. Evtl. mit einem Schuss
Wasser aufgießen. Würzen, Fisch hinzufügen
und zugedeckt ca. 10 Min. dünsten.

Mit frisch gehackten Kräutern bestreuen.

Beilagentipp: Vollkornbaguette, Naturreis,
Kartoffeln, Salat

pro Portion

kJ	kcal	Eiweiß (g)	Fett (g)	KH (g)	BE
961	228	31	7	9	0,7

Fisch mit Zucchinischuppen *4 große Portionen*

4 Fischfilets á 150 g
Kräutersalz, Pfeffer, Dill, Zitronensaft,
Zitronenschale, Zitronenmelisse

2 Stück Zucchini (300 g), schräg in ca.
2 mm dicke Scheiben schneiden,
z. B. mit dem Hobel oder mit der
Brotmaschine

einige Tomaten zum Garnieren (100 g)

Zitronenmelisse zum Bestreuen

Beilagentipp
Kartoffeln, Naturreis, Hirse,
Kartoffelpüree, Gemüse, Salat

Fisch in eine Auflaufform geben, würzen. Mit
den Zucchinischeiben wie Schuppen belegen,
salzen.

Zubereitung im Dampfgarer
Fisch in eine ungelochte Form geben und bei
100 °C ca. 10 Min. garen, je nach Dicke des
Fischfilets.

Zubereitung im Backrohr
Fisch in eine Auflaufform geben. Mit ⅛ l Suppe
aufgießen. Zugedeckt bei 170 °C ca. 20–30
Min. garen.

Mit frisch gehackter Zitronenmelisse bestreuen.

pro Portion

kJ	kcal	Eiweiß (g)	Fett (g)	KH (g)	BE
594	142	29	2	2	0,2

Fisch mit Spinat-Käsehaube *4 große Portionen*

4 Fischfilets á 150 g
Zitronensaft, Kräutersalz

Knoblauch, Muskat, Kräutersalz,
Pfeffer, Bärlauch

1 kg Tiefkühlspinat

150 g Blauschimmelkäse
frischer Bärlauch zum Bestreuen

Beilagentipp
Kartoffeln, Kartoffelpüree, Salat,
Gemüse

> Fettspar-Tipp <

Für die Berechnung wurde Blauschimmelkäse Rahmstufe herangezogen. Sie sparen zusätzlich
Fettkalorien, wenn Sie eine fettärmere Variante wählen.

Fischfilets in eine Auflaufform geben und
würzen. Knoblauch und die restlichen Gewürze
darüberstreuen.

Tiefgekühlten Spinat darüber verteilen, mit
Muskat, Salz und Pfeffer würzen.

✗ **Achtung!** Keine Kräuter auf den Spinat
streuen, diese würden beim Backen verbrennen.

Mit Blauschimmelkäse belegen.

Auf der untersten Schiene im vorgeheizten
Backrohr bei 170 °C backen.

Mit frischem Bärlauch bestreuen.

pro Portion ⊗

kJ	kcal	Eiweiß (g)	Fett (g)	KH (g)	BE
1269	302	42	13	2	0,2

Fisch in Kerbelsauce *4 große Portionen*

4 Fischfilets á 150 g
Kräutersalz, Zitronensaft

➤ 1 EL Weizen-Vollkornmehl (15 g)

2 EL Olivenöl zum Braten (20 g)

¼ l Gemüsebrühe, ersatzweise ¼ l
kochendes Wasser vermischt mit einem
½ Suppenwürfel ohne Hefe, Glutamat
und glutenfrei
Schale einer Bio-Zitrone

½ Becher Sauerrahm (125 g)
1 Bund frischer Kerbel, hacken

Beilagentipp
Naturreis, Hirse, Buchweizen,
Kartoffeln, Salat, Gemüse

➤ ✕ Sojamehl verwenden

Fischfilets würzen und auf der Hautseite in Mehl
wälzen.

Fisch mit der Hautseite nach unten in Öl
anbraten. Mit Gemüsebrühe oder Wasser
aufgießen, Zitronenschale hinzufügen und
zugedeckt dünsten. Nach Bedarf Wasser
nachgießen.

Vom Herd nehmen und den Sauerrahm
hinzufügen. Nicht mehr aufkochen, sonst flockt
der Sauerrahm aus.

Mit frisch gehacktem Kerbel bestreuen.

pro Portion ⊗

kJ	kcal	Eiweiß (g)	Fett (g)	KH (g)	BE
996	238	29	12	4	0,4

Nudel-Fischpfanne

4 große Portionen

2 Zwiebeln, hacken (200 g)
1 Dose gehackte Tomaten (ca. 400 g)
½ l Wasser, kochend heiß
(Wasserkocher)
½ Suppenwürfel ohne Hefe, Glutamat
und glutenfrei
➤ 300 g Vollkornnudeln, roh
1 kg Saisongemüse oder gefrorenes
Gemüse
400 g Fisch
Zitronensaft, Zitronenschale,
Kräutersalz, Kerbel

Beilagentipp:
Salat

➤ ✗ 300 g Austauschnudeln,
Garzeit der Nudeln beachten,
zerfallen leicht, evtl. erst kurz
vor Garende hinzufügen

Zwiebel ohne Fett anrösten. Tomaten, Wasser und Suppenwürfel hinzufügen. Aufkochen. Ungekochte Nudeln und frisches Gemüse untermengen. So lange kochen, bis die Nudeln fast gar sind. Dabei immer wieder umrühren, nach Bedarf Wasser nachgießen.

Fisch und Gewürze hinzufügen und fertig gar ziehen lassen.

Mit frischem Kerbel bestreuen.

✗ **Achtung!** Wenn Sie Tiefkühlgemüse verwenden, geben Sie das Gemüse gleichzeitig mit dem Fisch dazu, ansonsten wird das Gemüse zu weich.

pro Portion

kJ	kcal	Eiweiß (g)	Fett (g)	KH (g)	BE
1832	435	31	5	64	5,4

Fisch-Spinat-Lasagne *2 Portionen*

➤ Ca. 60 g Lasagneblätter (Lasagneblätter, die man nicht mehr vorkochen muss, verwenden)

Béchamel
➤ 2 EL Haferkleie (30 g)
½ l Milch (500 g)
Kräutersalz, Pfeffer
1 EL Parmesan oder Bergkäse (15 g)

Spinat
300 g Tiefkühl-Blattspinat, aufgetaut
1–2 Zehen Knoblauch, gehackt oder gepresst
Kräutersalz, Pfeffer, Muskat

evtl. 1 Tomate, in Würfel oder Scheiben geschnitten

Fisch
1 frisches Fischfilet á ca. 130 g, ersatzweise Räucherfisch oder Thunfisch natur aus der Dose oder dem Glas
Zitronensaft
Kräutersalz

1 TL Oliven- oder Rapsöl zum Bestreichen der Auflaufform

Beilagentipp
Salat

➤ ✕ Glutenfreie Nudeln und anstatt Haferkleie 3 EL Austauschmehl verwenden

Backrohr auf 170 °C vorheizen.

Béchamel
Milch und Haferkleie verrühren und unter Rühren aufkochen, bis es blubbert. Vom Herd nehmen und den Käse untermengen.
✗ **Achtung!** Die Béchamelsauce ist dünnflüssig, dickt aber beim Backen nach.

Spinat
Alle Zutaten vermengen.

Fisch
Den Fisch in Streifen schneiden und würzen.

Eine kleine Auflaufform dünn mit Öl bestreichen.
Etwas Béchamelsauce auf dem Boden der Form verteilen. Ein Lasagneblatt darauflegen. Abwechselnd Spinat, evtl. Tomate, Fisch, Béchamel und Lasagneblatt in die Form schlichten. Mit Béchamelsauce abschließen.

Im Rohr 30–45 Min. backen. Die Oberfläche soll eine goldbraune Farbe annehmen.

pro Portion ⊗ wenn eifreie Lasagneblätter

kJ	kcal	Eiweiß (g)	Fett (g)	KH (g)	BE
1923	458	32	17	42	3.5

Chinakohl-Tomaten-Fisch 1 Portion

1 Fischfilet ca. 130 g
Zitronensaft
Kräutersalz

¼ Chinakohl (150 g), in Streifen
schneiden
1–2 Handvoll Cocktailtomaten
(100 g), halbieren oder vierteln
½ Tasse Gemüsebrühe (ca. 80 ml) oder
kochend heißes Wasser mit 1 kleinen
Eck Gemüsebrühwürfel vermischt

¼ Becher Sauerrahm (60 g)

Kresse zum Bestreuen

Beilagentipp
Salat
Vollkornbrot, Reis, Kartoffeln

Gemüsebrühe erhitzen. Fisch würzen und mit
der Hautseite nach unten in die Gemüsebrühe
legen. Zugedeckt ca. 5 Min. leicht wallend
ziehen lassen.
Chinakohl und Tomaten hinzufügen. Zugedeckt
ca. 5 Min. leicht wallend ziehen lassen. Nach
Bedarf etwas Gemüsebrühe oder kochendes
Wasser nachgießen. Die Gardauer hängt von
der Dicke des Fischfilets ab.

Pfanne vom Herd nehmen. Fisch auf die Seite
schieben und den Sauerrahm unter das
Gemüse rühren. Nicht mehr kochen, sonst flockt
der Sauerrahm aus.

Mit Kresse bestreuen.

pro Portion

kJ	kcal	Eiweiß (g)	Fett (g)	KH (g)	BE
1100	262	29	12	9	0,7

Pariser Fisch

2 Portionen

2 Fischfilets, z. B. Schollenfilets ohne
Haut á ca. 150 g
Zitronensaft, Kräutersalz

Panade
➤ Knapp 1 EL Vollkornmehl (10 g)
1 Ei
2 EL Milch
Kräutersalz, Pfeffer

Zum Herausbacken
Rapsöl
1 TL Butterschmalz für den guten
Geschmack

Schnittlauch zum Bestreuen
Zitronenspalte zum Garnieren

➤  Austauschmehl verwenden

Fischfilet mit Zitronensaft würzen. In gesalzenem Mehl wenden und in versprudeltes,
gewürztes Ei tauchen.

Gut fingerdick Öl und Butterschmalz in einer
Pfanne erhitzen. Fisch hineinlegen. Der Fisch
soll im Fett schwimmen. Restliches Ei mit einem
Löffel über dem Fisch verteilen. Zudecken und
ein paar Min. backen. Umdrehen und ohne
Deckel auf der zweiten Seite herausbacken.

✗ **Achtung!** Wenn Sie die zweite Seite
zugedeckt herausbacken, weicht die Kruste der
ersten Seite durch den Dampf wieder auf.

pro Portion

kJ	kcal	Eiweiß (g)	Fett (g)	KH (g)	BE
826	198	18	12	4	0,4

> Frittieren – gewusst wie <

Warum reichlich Öl zum Herausbacken verwenden?

Die Theorie: Optimal temperiertes, also heißes Fett ist der Garant dafür, dass das Frittiergut am wenigsten Fett saugt. Kühlt das Fett ab, saugt sich das Frittiergut wie ein Schwamm mit dem Fett voll.

Die Praxis: Sobald Sie Frittiergut in die Pfanne legen, kühlt das Fett ein paar Grad herunter, da das Frittiergut nur max. Zimmertemperatur aufweist. Geben Sie zu wenig Fett in die Pfanne, ist der Temperatursturz so hoch, dass das Frittiergut zum einen an Flüssigkeit verliert, z. B. tritt bei Wiener Schnitzel der Fleischsaft aus, und zum anderen saugt sich das Frittiergut wie ein Schwamm mit Fett voll. Das Frittiergut wird zäh und fettig.

Wie lässt sich trotzdem Fett sparen?

1. Das Ausbackfett muss heiß genug sein
Woran erkennen Sie, ob das Ausbackfett heiß genug ist? Legen Sie einen Holz-Zahnstocher oder einen Holzspieß in das Fett. Sobald Bläschen rund um den Spieß aufsteigen, ist das Fett heiß genug.
2. Nach dem Herausbacken den Fisch sofort auf Küchenpapier legen und wie bei einem Schwamm einmal gut daraufdrücken. Das Küchenpapier saugt sehr viel Fett aus der Panade. Fisch sofort vom Küchenpapier herunternehmen, sonst weicht die Panade auf.
Mithilfe dieser Tricks können Sie den Backfettanteil pro Fisch auf rund 10 g herunterschrauben.
Zum Vergleich: Bei ungünstiger Herausbacktechnik steigt der Backfettanteil im Fisch auf das bis zu Sechsfache und damit auch der Fettkalorienanteil auf bis zu 600 Kalorien zusätzlich.

Warum Rapsöl zum Backen?
Weil Rapsöl, ähnlich dem Olivenöl, eine ausgezeichnete Fettzusammensetzung aufweist.

Beilagentipp Pariser Fisch
Kartoffeln
Jogurtsauce aus ½ Becher Naturjogurt, ¼ Becher Sauerrahm, Kräutersalz, Dill, Schnittlauch, fein gehackte Zwiebel
Bitterer Salat zum Cholesterinausgleich, z. B. Endivien oder Zuckerhut

Fisch mit knuspriger Kruste – Basisrezept

Pro Portion 1 Fischfilet á ca. 150 g
Zitronensaft
Kräutersalz

Krusten oder Guss nach Wahl

Beilagentipp
Kartoffeln, Salat, Gemüse

Backrohr auf 170 °C vorheizen.
Fischfilets in eine ofenfeste Auflaufform geben, würzen und mit dem Guss oder der Krustenmasse überziehen. Im vorgeheizten Rohr auf der untersten Schiene bei ca. 170 °C backen, bis die Kruste leicht bräunt, das dauert ca. 20–30 Min.

Kruste oder Guss: Alle Zutaten vermischen.

Krusten- und Gussvariationen

Feurige Paprikakruste (1 Portion):
1 Paprikaschote, (ca. 170 g) in kleine Würfel schneiden, 2–3 Msp. Chilipulver, ½ TL Paprikapulver, 1 TL Tomatenmark (10 g), ¼ Becher Sauerrahm (ca. 60 g),
➤ 1 EL Brösel (15 g), Kräutersalz
➤ ✕ Glutenfreie Brösel

pro Portion ⊗

kJ	kcal	Eiweiß (g)	Fett (g)	KH (g)	BE
1324	315	30	11	22	1.80

Walnusskruste (4 Portionen):
1 Becher Sauerrahm (250 g), Kräutersalz, 2 EL geröstete Walnüsse, grob hacken,
➤ 1 EL Haferkleie (15 g)
➤ ✕ Ohne Haferkleie oder mit Austauschmehl

pro Portion ⊗

kJ	kcal	Eiweiß (g)	Fett (g)	KH (g)	BE
1205	288	31	16	4,6	0,4

Nuss-Senfkruste (4 Portionen):
➤ 4 Scheiben Vollkorn-Toastbrot (100 g), in Würfel schneiden, 2 EL geröstete gehackte Nüsse, 1 EL Senf (15 g), 8 EL Milch (60 g), Kräutersalz, Estragon
➤ ✕ Glutenfreies Brot

pro Portion ⊗

kJ	kcal	Eiweiß (g)	Fett (g)	KH (g)	BE
942	224	28	6	13	1

Knusper-Käsekruste (1 Portion):

➤ 2 EL Brösel (30 g), 1 TL Senf (10 g), 2 EL fein geriebener Käse (30 g), Kräuter-salz, Pfeffer, Oregano,
2 EL Milch (18 g)
➤ ✗ Glutenfreie Brösel

pro Portion ⊗

kJ	kcal	Eiweiß (g)	Fett (g)	KH (g)	BE
1393	332	38	8	26	2.1

Kartoffelkruste (2 Portionen):

400 g Kartoffeln, vom Vortag, reiben, 1 Ei,
➤ 2 EL Brösel (30 g),
Kräutersalz, Pfeffer, Muskat,
Majoran
➤ ✗ Glutenfreie Brösel

pro Portion

kJ	kcal	Eiweiß (g)	Fett (g)	KH (g)	BE
1462	350	33	5	42	3.5

Kürbiskernkruste (2 Portionen):

½ Becher Sauerrahm oder Naturjogurt (125 g), 1 Ei, 2 EL Kräuter, frisch oder tiefgekühlt, 2 EL geröstete, gehackte Kürbiskerne (18 g), 1 EL Kürbiskernöl (8 g),
➤ 2 EL Semmelbrösel (30 g), Kräutersalz, Pfeffer
➤ ✗ Glutenfreie Brösel
✗ **Achtung!** Jogurt kann ausflocken, schmeckt trotzdem.

pro Portion

	kJ	kcal	Eiweiß (g)	Fett (g)	KH (g)	BE
mit Sauerrahm	1648	393	33	22	16	1.3
mit Naturjogurt, 3,6% Fett	1384	330	33	14	16	1.4

Lauchkruste (4 Portionen):

Ca. ½ Tasse Wasser (ca. 80 g), 1–2 Stangen Lauch in Ringe schneiden (gesamt ca. 800 g), saubere grüne Enden mit verwenden!, 1 Becher Sauerrahm (250 g), 1 Ei, ➤ 2 EL Brösel (30 g), Kräutersalz, Thymian, Pfeffer
➤ ✗ Glutenfreie Brösel
Zubereitung: Wasser aufkochen. Den Lauch darin zugedeckt ca. 2 Min. dün-

pro Portion

kJ	kcal	Eiweiß (g)	Fett (g)	KH (g)	BE
1315	315	33	13	15	1.2

sten. Das Wasser soll dabei vollständig verdunsten. Vom Herd nehmen und mit den restlichen Zutaten vermengen.

Fisch mit Salbei und Speckhülle *1 Portion*

1 Fischfilet (ca. 130 g)
Zitronensaft
Kräutersalz

Zum Umhüllen
1 Salbeiblatt
1 Scheibe hauchdünn geschnittener
Bauchspeck

Beilagentipp
Salat
Gemüseragout
Kartoffeln, Kartoffelpüree

Backrohr auf 170 °C vorheizen.

Fisch in eine Auflaufform geben. Würzen.
Das Salbeiblatt auf den Fisch legen. Den Fisch
mit dem Speck umwickeln. Auflaufform
zudecken. Je nach Dicke des Fischfilets
15–25 Min. im Rohr backen.

Hinweis: Sie können dieses Gericht auch im
Dampfgarer zubereiten. 100 ℃ ca. 10 Min.

pro Portion

kJ	kcal	Eiweiß (g)	Fett (g)	KH (g)	BE
703	168	26	6	3	0.22

Blitz-Fisch *1 Portion*

1 Fischfilet (ca. 130 g)
Zitronensaft
Kräutersalz

200 g Tiefkühlgemüse, gefroren
Kräutersalz

Guss
¼ Becher Sauerrahm (60 g)
Kräutersalz
Dill

Beilagentipp
Salat, Gemüse, Vollkorngebäck, Reis,
Kartoffeln, Kartoffelpüree

Backrohr auf 170 °C vorheizen.

Fisch in eine Auflaufform geben. Würzen. Das
Tiefkühlgemüse darüber verteilen, würzen.
Mit dem Guss überziehen. Der Guss friert even-
tuell, macht aber nichts.
Je nach Dicke des Fischfilets 15–25 Min. im
Rohr backen.

Guss
Alle Zutaten verrühren.

pro Portion

kJ	kcal	Eiweiß (g)	Fett (g)	KH (g)	BE
1212	288	31	11	15	1.25

Marinierter Backrohrfisch *1 Portion*

1 Fischfilet (ca. 130 g)

Marinade
1 Zehe Knoblauch, hacken oder
pressen
1 walnussgroßes Stück Ingwer, reiben
Schale einer ½ Bio-Zitrone
½ TL Kurkuma (Gelbwurz)
¼ TL gemahlener oder geschroteter
Koriander
½ TL Tomatenmark (5 g)
3 EL Weißwein oder Gemüsebrühe
(20 g)
Saft ½ Zitrone
Kräutersalz

Beilagentipp: Siehe Orangenfisch

Backrohr auf 170 °C vorheizen.

Marinade
Alle Zutaten bis auf das Salz verrühren. Salz
erst kurz vor dem Garen hinzufügen, da sonst
der Fisch trocken wird.

Fisch in eine Auflaufform geben. Mit der
Marinade übergießen. Gut zudecken. Über
Nacht im Kühlschrank ziehen lassen.

Salzen und im auf 170 °C vorgeheizten
Backrohr 15–25 Min. garen.

pro Portion

kJ	kcal	Eiweiß (g)	Fett (g)	KH (g)	BE
773	184	29	2	9	0.77

Orangenfisch

1 Fischfilet (ca. 130 g)

Marinade
1 mittelgroße Orange (150 g)
Pfeffer, geschrotet
Kräutersalz

Beilagentipp
Salat, Gemüse, Vollkorngebäck, Reis,
Kartoffeln, Kartoffelpüree

1 Portion

Orangensaft, Fruchtfleisch und Pfeffer in einer
Auflaufform verrühren. Den Fisch hinzufügen
und über Nacht zugedeckt in der Marinade
ziehen lassen.

Backrohr auf 170 °C vorheizen.

Fisch salzen. Den Fisch je nach Dicke des Fischfilets 15–25 Min. zugedeckt im Rohr backen.

pro Portion

kJ	kcal	Eiweiß (g)	Fett (g)	KH (g)	BE
743	177	25	2	14	1.15

Fruchtiger Fisch

1 Fischfilet (ca. 130 g)
Zitronensaft
Kräutersalz

Zum Belegen
1 Tomate (100 g), in Spalten schneiden
Filets und Saft 1 Orange (150 g)
½ kleine Banane (80 g), in Scheiben
schneiden
Pfeffer
½ TL Kräuter der Provence
Kräutersalz

Beilagentipp
Salat
Gemüse
Vollkorngebäck, Reis, Kartoffeln,
Kartoffelpüree

1 Portion

Backrohr auf 170 °C vorheizen.

Fisch in eine Auflaufform geben. Würzen.

Zutaten zum Belegen
Alle Zutaten vermischen und über dem Fisch
verteilen. Zudecken.

Je nach Dicke des Fischfilets 15–30 Min. im
Rohr backen.

pro Portion

kJ	kcal	Eiweiß (g)	Fett (g)	KH (g)	BE
1178	281	27	2	36	2.97

> Orangen filetieren <

Orange mit einem Messer schälen, und zwar so weit, dass die
weiße Haut mit entfernt wird. Filets mit einem Messer herausschneiden. Zum Schluss den Saft aus dem Orangenrest mit einer Gabel ausdrücken.

Fleisch – saftig und g'schmackig

Zarte Gaumenfreuden als Gustostückerl

- ➤ Braten & Co.
- ➤ Schnitzel und Koteletts
- ➤ Gulasch, Currys und Ragouts
- ➤ Gerichte mit Faschiertem

Gesundes Fleisch ist keine Frage von Rind, Pute oder Schwein, sondern die Frage nach der Fütterung und Haltung. Täglicher Auslauf und ein Futter aus Gras, Heu, Leinsamen und oder Raps bürgen für perfekte Fleischzusammensetzung im Sinne von gesunden Inhaltsstoffen. Leider können Sie die gesunden Inhaltsstoffe nicht mit freiem Auge erkennen. Fragen Sie daher beim Produzenten oder Landwirt nach der Art der Fütterung.

Kombinieren Sie jede Fleischmahlzeit mit Obst, Gemüse, Salat oder frischen Kräutern. Das verbessert die Eisenaufnahme und schwächt die ungesunden Fleischinhaltsstoffe ab.

Wie viel Fleisch ist gesund?

2–3 Portionen Fleisch pro Woche. Zum Fleisch zählen auch alle Fleisch-produkte wie Würstel, Faschiertes, Landjäger, Wurst und Leberkäse. Das Fleisch ist gegenüber den Fleischprodukten meistens wesentlich fettärmer und gesünder.

Fett macht fett – Da ist was dran!

Fett ist der kalorienhaltigste Nähr-stoff, dicht gefolgt von Alkohol. Aber Fett ist auch der beste Geschmacks-träger, das macht das Fett so beliebt. Fettarm und trotzdem g´schmackig zu essen ist also immer eine Gratwanderung. Auf eines aber können Sie sich ver-lassen: Wenn Sie schrittweise Fett einsparen, gewöhnt sich Ihr Geschmackssinn daran, und es schmeckt Ihnen bald weniger Fettreiches genauso gut, wenn nicht sogar besser.

Fleisch bei Gicht?

Betrachten Sie das Fleisch als Beilage und achten Sie besonders auf eine hoch-wertige Fleischqualität! Würzen Sie mit Kräutern, Gewürzen und fleisch- und hefefreien Suppenwürzen. Fleischextrakte, wie sie z. B. in Suppenwürfeln vor-

> Zubereitungstipps für Fleischgerichte <

- ➤ Fleisch immer quer zur Faser **schneiden**, es wird sonst zäh.
- ➤ Immer **scharfe Messer** verwenden. Stumpfe Messer quetschen oder zerreißen die Fleischfasern, Fleischsaft tritt aus und das Fleisch wird trocken.
- ➤ Zum **Schnitzelklopfen** das Fleisch mit Folie abdecken und mit einem Plattiereisen, einer Pfanne oder einem Nudelwalker flach klopfen. Beim Klopfen mit einem noppigen Fleischklopfer werden die Fleischfasern zerstört, Saft tritt aus und das Fleisch wird zäh.
- ➤ **Fettränder** mehrmals leicht einschneiden, sonst wölbt sich das Fleisch beim Braten nach oben.
- ➤ Fleisch erst kurz vor der oder nach der Zubereitung **salzen**. Salz entzieht dem Fleisch Wasser, das Fleisch wird trocken.
- ➤ Fleisch **nie anstechen**, z. B. mit einer Fleischgabel, Fleischsaft tritt aus, das Fleisch wird trocken.
- ➤ Fleisch nach der Zubereitung 5–10 Min. **rasten lassen**, damit sich der Fleischsaft im Fleischstück verteilen kann. So kann der Fleischsaft nicht austreten und das Fleisch bleibt saftig.
- ➤ Das Fleisch zuerst auf der fettreicheren Seite in der sehr heißen Pfanne rasch **anbraten**, das spart Kochfett, die Kruste wird schöner und das Fleisch trocknet nicht aus (zieht sich aber etwas mehr zusammen).
- ➤ Bratenfleisch immer in das **heiße Fett** geben. Zu kaltes Fett lässt den Fleischsaft austreten, da die Poren nicht schnell genug verschlossen werden. Das Fleisch wird trocken und zäh.
- ➤ **Tiefkühlfleisch** im Kühlschrank langsam auftauen, es tritt weniger Fleischsaft aus, das Fleisch bleibt saftiger; zu schnell aufgetautes Fleisch wird beim Garen trocken.

kommen, und Hefe sind Purin- und damit Gichtbomben. Schlemmen Sie sich mit den ausgleichenden Lebensmitteln, wie z. B. Gemüse, Salat, Obst, Kartoffeln, Vollkornprodukten, also z. B. Vollkornbrot oder Vollkornreis, satt. Unterstützen Sie Ihren Körper, indem Sie reichlich Wasser trinken.

Fleisch und Rheuma?

Orientieren Sie sich an den Tipps zum Thema Fleisch bei Gicht. Essen Sie zwei- bis dreimal pro Woche Fisch aus dem Meer. Fügen Sie zu Ihrem Salat immer eine Mixtur aus Weizenkeimöl und Leinöl hinzu. Das hemmt Entzündungen. Diese Öle niemals zum Braten oder Frittieren verwenden, sonst gehen die wertgebenden Inhaltsstoffe verloren. Und nicht „solo" essen, denn das Vitamin E aus dem Weizenkeimöl benötigt als Ausgleich natürliches Vitamin C, und das finden Sie nur in Obst, Gemüse, Salat, Kartoffeln und frischen Kräutern. Weizenkeimöl solo

genossen, wirkt im Körper hoch reaktiv und genau das wollen Sie ja mit dem Öl vermeiden.

Fleischgewürze

Das beste Fleischgewürz ist die Fütterung des Tieres. Je nach Futter schmeckt das Fleisch kräftig oder fad. Almgras „würzt" das Fleisch sehr kräftig. Den Eigengeschmack von Fleisch können Sie durch eine Vielzahl an Gewürzen verfeinern, z. B. Basilikum, Bergbohnenkraut, Curry, Majoran, Oregano, Rosmarin, Salbei, Petersilie, Kerbel, Estragon, Maggikraut, Thymian, Lorbeer, Muskat, Paprika, Koriander, Kümmel, Ingwer, Cayennepfeffer, Wacholderbeeren, Senfkörner, Zitronenschale, Piment oder Sojasauce.

Mischen Sie sich einige Kräuter und Gewürze zusammen und legen Sie das Fleisch bereits einen Tag vor der Zubereitung in die Gewürzmarinade.

✗ **Achtung!** Salzen dürfen Sie erst kurz vor der Zubereitung, sonst tritt der Fleischsaft aus und das Fleisch wird trocken und zäh.

Schuhsohle oder butterweich?

Ob Ihr Fleisch zäh ist oder butterweich hängt zu einem großen Teil davon ab, ob das Fleisch lange genug reifen konnte, d. h. gut abgehangen ist. Kräftig rotes Fleisch ist meistens zu frisch, etwas blasser gewordenes Fleisch hingegen mürbe.

Tipp: Lassen Sie sich das Fleisch beim Einkauf aus dem künstlichen Licht halten, dann erkennen Sie die Fleischfarbe besser.

Tomaten-Schweinebraten *4 Portionen* *(siehe Foto links)*

700 g Schweinskarree

Marinade

1 TL Olivenöl

2 Lorbeerblätter

4 Knoblauchzehen, gehackt

3 EL Tomatenmark (45 g)

2 gehäufte TL Paprikapulver

1 ½ TL Oregano

½ TL Koriander

Zum Garen

⅛ l Gemüsebrühe

1 Dose Tomaten gehackt (ca. 400 g)

Kräutersalz

1 ofenfester Bräter mit Deckel

Beilagentipp

Bittersalate, Serviettenknödel,

Sauerkraut, Kartoffeln, Reis

Schweinskarree ohne Fett in einer sehr heißen Pfanne rundherum ein paar Sekunden scharf anbraten. Es sollen sich nur die Poren schließen. Wenn Sie das Karree zu lange anbraten, wird es trocken.

Marinade

Alle Zutaten in einen Bräter geben und verrühren. Das angebratene Schweinskarree darin wälzen. Zugedeckt über Nacht im Kühlschrank ziehen lassen.

Gemüsebrühe und Tomaten hinzufügen. Salzen. Im vorgeheizten Backofen bei 120 °C 30 Min. und bei 80 °C ca. 5 Std. garen.

pro Portion

kJ	kcal	Eiweiß (g)	Fett (g)	KH (g)	BE
1143	273	39	11	4	0.32

> Niedertemperatur-Garmethode <

Dieser Schweinebraten (siehe Foto links) wird nach der Niedertemperatur-Garmethode zubereitet. Sie können den Braten in der Früh in den Ofen schieben und zu Mittag genießen.

✗ **Achtung!** Bei dieser Methode können Sie weder Kartoffeln noch Gemüse mitbraten, da diese aufgrund der niedrigen Temperatur nicht gar werden.

Lammbraten

6 Portionen

2 große Karotten (300 g), gewürfelt
2 Zwiebeln, roh, grob schneiden
¼–½ Kopf Wirsing, roh, in Streifen
schneiden

1 kg Kartoffel, ungeschält, roh, würfeln
4 Zehen Knoblauch, roh, gehackt
3–4 EL Preiselbeeren, frisch oder
tiefgefroren
15 g Steinpilze, getrocknet
⅛ l trockener Weißwein
Rosmarin, Thymian, Oregano,
2 Lorbeerblätter, 2 Salbeiblätter
weißer Pfeffer
Kräutersalz

1,7 kg mageres Berg-Lammfleisch mit
Knochen, in Stücke geschnitten
Senf zum Bestreichen
Kräutersalz

Beilagentipp
Salat in allen Variationen

Das Gemüse nach und nach ohne Fett in einer Pfanne rösten. Nach jedem Röstvorgang mit ca. ¼ Glas Wasser ablöschen und den dabei entstandenen „Saft" mit dem Gemüse in eine Ofenform umfüllen. Preiselbeeren, Kartoffelwürfel, Wein, Steinpilze und Gewürze untermengen.

✗ **Achtung!** Wenn Sie die Pfanne nicht mit Wasser immer wieder ablöschen, verbrennen die Röststoffe, und ein Anrösten ohne Fett ist nicht mehr möglich.

Ungewürztes! Fleisch in der sehr stark erhitzten Pfanne scharf! anbraten. Auf jeder Seite ca. 1½ Min. Es darf kein Fleischsaft austreten, sonst schmeckt das Fleisch trocken. Tritt doch Fleischsaft aus, so ist die Pfanne zu kalt. Geben Sie in diesem Fall das Fleisch sofort aus der Pfanne und erhitzen Sie die Pfanne stärker.
Angebratenes Fleisch rundherum dünn mit Senf einstreichen. Mit Kräutersalz würzen und auf das Gemüse legen. Zudecken.

Lammbraten in das vorgeheizte! Rohr geben. Ca. 15 Min. bei 180 °C und dann ca. 45 Min. bei 150 °C garen (kann auch länger dauern, je nachdem, wie groß die Fleischstücke sind).

> Tipp <

Kein Deckel zur Hand? – Im Notfall kann Alufolie verwendet werden. Sie wissen ja, glänzende Seite nach innen, sonst dauert es ewig, bis Ihr Braten fertig ist.

pro Portion

kJ	kcal	Eiweiß (g)	Fett (g)	KH (g)	BE
2823	670	47	37	32	3

> Schon gewusst? <

Vitaminbomben: Gemüse, Kartoffeln und Preiselbeeren

Im Herbst strotzen Gemüse und Kartoffeln nur so vor Vitaminen. Der Grund liegt in der langen Reifezeit. Wenn eine Pflanze vom Frühjahr bis zum Herbst überleben will, muss sie sich schützen, d. h. Vitamine, Mineralien und bioaktive Substanzen einbauen. Genau diese Stoffe sind es, die das Gemüse und die Kartoffeln so gesund machen. Achten Sie beim Kauf auf heimische Bio-Ware.

Im Herbst ist **die** Preiselbeerzeit! Durch den Frost erhalten die Preiselbeeren einen Zusatz-Vitamin-schub. Zudem wirken Preiselbeeren cholesterinsenkend, d. h., die Preiselbeeren binden einen Teil des Cholesterins aus dem Lamm. Also eine ideale Ergänzung.

Berg-Lammfleisch – man schmeckt den Unterschied

Achten Sie beim Fleisch auf ausgezeichnete Qualität. Entscheidend ist, wie die Tiere gehalten und gefüttert wurden. Tiere, die sich bewegen können und das fressen dürfen, was sie auch in freier Wildbahn fressen würden, nehmen die besten Stoffe durch die Gräser und Kräuter auf und speichern diese im Fleisch. Das ist nicht nur gesünder, sondern schmeckt auch besser.

Wildbraten aus der Folie *4 große Portionen*

800 g Wildfleisch im Ganzen, z. B. Hirsch
1 kg Wurzelgemüse (z. B. Karotten,
Sellerie, Lauch, Pastinake), grob würfeln
800 g festkochende Kartoffeln, ungeschält, grob würfeln
8 Zehen Knoblauch (50 g)
2 Zwiebeln (200 g), achteln
¼ l Wasser (250 g) kochend heiß
(Wasserkocher)
1 Suppenwürfel ohne Hefe, Glutamat
und Gluten

Beilagentipp: Salat

1 Bratschlauch oder ein Bratsack

Gewürztipp: Wacholder, Petersilie,
Majoran, Nelken, Zimt, Rosmarin, Kräu-
tersalz, Lorbeer, Pfeffer, Preiselbeeren
(Achtung Zuckerzusatz!), Zitronenschale

Wildfleisch in einer Pfanne mit der angegebenen
Menge Öl rundherum rasch anbraten. **Achtung!**
Zu langes Anbraten macht das Fleisch trocken.
Alle Zutaten mitsamt dem Fleisch in einen Brat-
schlauch geben. Bratschlauch nach
Packungsanleitung verschließen. Den Braten im
vorgeheizten Rohr garen.
Die Garzeit hängt von der Größe des Fleisch-
stücks ab (1–3 Std.). Es empfiehlt sich einen
Bratenthermometer als Garprobe zu verwenden.

Tipp: Wählen Sie eine niedrige Brattemperatur
von ca. 160 °C, da sonst das Fleisch austrocknet.

Mit frischen Kräutern vollenden.

		pro Portion			
kJ	kcal	Eiweiß (g)	Fett (g)	KH (g)	BE
1905	453	49	8	43	3,6

> Gewusst wie – Zubereitungstipps <

So wird Ihr Braten besonders saftig!
Garen bei niederen Temperaturen verhindert das Austrocknen von fettarmen Fleischsorten. Lassen Sie den
Braten vor dem Anschneiden ein paar Minuten ruhen, der Fleischsaft verteilt sich im Fleisch und tritt beim
Anschneiden nicht aus.

Sie möchten eine knusprige Bratenkruste?
Schneiden Sie den Bratschlauch auf und überkrusten Sie den Braten ein paar Minuten vor Garende bei
Oberhitze. **Achtung!** Bei Grillfunktion kann die Folie schmelzen.

Wildgeruch zu intensiv?
Riecht das Wild sehr intensiv, war die Qualität nicht die beste. Sie können den intensiven Wildgeruch dämpfen, indem Sie das Wildfleisch für zwei Tage in Buttermilch einlegen und im Kühlschrank ziehen lassen.

Szegediner Schweinebraten *4 Portionen*

800 g Schweinskarree mit Knochen
Kümmel, Wacholder, Knoblauch,
Kräutersalz, Pfeffer, Salz

1 EL Rapsöl zum Anbraten (10 g)

¼ l Wasser (250 g), kochend heiß
1 Suppenwürfel ohne Hefe, Glutamat,
glutenfrei

1 kg Sauerkraut
1 TL Paprikapulver

800 g festkochende Kartoffeln, halbieren

Beilagentipp
Bittersalat, z. B. Endivien, Radicchio,
Zuckerhut, Chicorée, Kren, Preiselbeer-
marmelade

Fleisch kräftig würzen und rundherum in wenig
Öl scharf anbraten. Mit den restlichen Zutaten in
einen Bratschlauch geben. Den Bratschlauch
nach Packungsanleitung verschließen.
Bei 160 °C eine gute Stunde garen.

pro Portion

kJ	kcal	Eiweiß (g)	Fett (g)	KH (g)	BE
1972	470	50	14	32	2,6

> Sie möchten eine sämige Sauce? <

1 TL Maisstärke mit 5 EL kaltem Wasser glatt rühren, zur
Sauce geben und unter Rühren in einem Topf aufkochen.

> Garprobe bei Fleisch und Fisch <

Verwenden Sie am besten ein Bratenthermometer.
Stechen Sie das Thermometer in die Mitte der dicksten Fleisch-
stelle. Das Gargut ist gar, wenn es folgende Temperatur erreicht hat: Roastbeef 55–65° C, Kalb 75° C, Fisch 75–80° C
Schaf 80° C, Schwein 85° C, Geflügel 90° C. Das Bratenthermometer ist bereits im Backrohr integriert oder für ein paar
Euro im Haushaltswarengeschäft zu kaufen.

Putenbrust mit Nudeln und Gemüse *4 große Portionen*

➤ 300 g Vollkornnudeln, roh

½ l Wasser, kochend heiß

1 Suppenwürfel ohne Hefe, Glutamat und Gluten

1 Dose geschälte Tomaten (ca. 400 g), gewürfelt

500 g Putenbrust

1 kg Saisongemüse oder gefrorenes Gemüse

1 Bratschlauch

frische Kräuter zum Bestreuen

Gewürztipp

Rosmarin, Thymian, Majoran, Oregano, Kräutersalz, Pfeffer
oder Curry

Beilagentipp

Salat

➤ 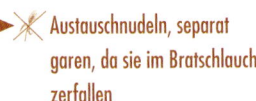 Austauschnudeln, separat garen, da sie im Bratschlauch zerfallen

Zutaten der Reihe nach in den Bratschlauch geben. ✗ **Achtung!** Die Nudeln müssen im Wasser liegen. Darüber würzen. Bratschlauch nach Packungsanleitung verschließen.

Im vorgeheizten Backrohr bei ca. 170 °C ca. 40 Min. garen.

Mit frischen Kräutern vollenden.

✗ **Achtung!** Verwenden Sie ausschließlich Nudeln mit einer maximalen Gardauer von 7 Min., sonst werden die Nudeln nicht gar.

pro Portion

kJ	kcal	Eiweiß (g)	Fett (g)	KH (g)	BE
2218	528	47	6	70	5,8

> Tipp zur Vorbereitung <

Sie können alle Zutaten bis auf das Salz am Vortag in den Bratschlauch geben. Salz erst kurz vor dem Garen hinzufügen, sonst trocknen Fleisch und Gemüse aus.

Panierte Schweinskoteletts aus dem Rohr *je 4 Portionen*
Panierte Hühnerkeulen aus dem Rohr

4 Hühnerkeulen á 200 g
oder
4 Koteletts á 170 g
Kräutersalz, Pfeffer

Panade
➤ 1 gut gehäufter EL Weizen-Vollkornmehl (20 g)
1 Ei versprudeln, Kräutersalz, Pfeffer
evtl. etwas Milch
➤ 3 EL Vollkornbrösel (45 g)

Zitronenscheiben und Petersilie zum
Garnieren

Beilagentipp
Salat, Petersilienkartoffeln

➤ ✗ Soja- oder Austauschmehl,
   glutenfreie Brösel

Hühnerkeulen oder Koteletts würzen und panieren.
Auf einem befetteten Gitterrost bei ca. 170 °C im
vorgeheizten Backrohr goldbraun backen.

Panieren
Hühnerkeulen bzw. Koteletts nacheinander in
Mehl, gewürztem Ei, evtl. mit 1–2 Esslöffeln
Milch vermischt, und Bröseln wälzen.

✗ **Achtung!** Geben Sie die Stücke auf einen
Gitterrost. Wenn Sie die Hühnerkeulen (siehe
Foto unten links) oder die Koteletts auf ein Backblech legen, dann bleibt die Unterseite weich und
die weiche Panade löst sich ab.

Hühnerkeule – pro Portion

kJ	kcal	Eiweiß (g)	Fett (g)	KH (g)	BE
1761	421	40	24	11	1

Schweinskotelett – pro Portion

kJ	kcal	Eiweiß (g)	Fett (g)	KH (g)	BE
1280	305	40	11	11	1

*Panierte Hühnerkeule (links), Hühnerkeule mit
knuspriger Kruste (rechts, siehe Rezept S. 145)*

> Schon gewusst? <

Wussten Sie, dass Vitamin C die
Eisenaufnahme wesentlich erleichtert. Nicht umsonst kommt auf
das Wiener Schnitzel immer eine
Zitronenscheibe. Denselben Effekt
wie die Zitronen haben auch
Preiselbeeren.

Spinat-Gorgonzola-Kotelett im Strudelteig *4 Portionen*

4 Schweinskoteletts á 150 g
Kräutersalz
4 Zehen Knoblauch, gehackt
600 g Blattspinat, aufgetaut oder frisch
und fein gehackt
120 g Gorgonzola, in Scheiben
schneiden
Kräutersalz, Pfeffer, Muskat

➤ 1 Pkg. Vollkornstrudelteig
    (120 g)

Beilagentipp
Bittersalat, Kartoffeln, Gemüse,
Tomatensauce

2 Backbleche mit Backpapier ausgelegt

➤ Wickeln Sie die Koteletts in
    Zucchinischeiben ein. Dazu
    die Zucchini der Länge nach in
    ca. 2 mm dünne Streifen
    schneiden. Geht am besten
    mit der Brotmaschine oder
    einem Hobel. Die Päckchen in
    eine Bräterform legen, ½
    Tasse kochend heiße Gemüse-
    brühe hinzufügen und
    zugedeckt im vorgeheizten
    Ofen bei 170 °C ca. 30 Min.
    garen.

Koteletts auf der Fleischseite rundherum in Abständen von 1 cm ca. 1 mm tief einschneiden,
damit sich das Fleisch beim Braten nicht nach
oben wölbt. Die Koteletts ohne Öl in einer sehr
heißen Pfanne beidseitig ein paar Sekunden lang
anbraten. Es sollen nur die Poren verschlossen
sein. ✗ **Achtung!** Wenn Sie die Koteletts zu lange braten, werden sie beim Überbacken trocken.

Je 2 Strudelteigblätter nebeneinander auf ein
Backblech legen. In die Mitte jedes Strudelteig-
blattes 2 EL Spinat geben.
Den Spinat mit Kräutersalz, Pfeffer und Muskat
würzen.
Die angebratenen Koteletts mit Knoblauch
einreiben und auf den Spinat legen.
Den Käse über den Koteletts verteilen.
Mit Spinat abdecken. Wieder darüber würzen.

Das Strudelteigblatt rechts und links über das
Fleisch klappen. Die überstehenden Enden auf
einer Seite unter den Strudelteig auf der anderen
Seite über den Strudelteig klappen.

Im vorgeheizten Backrohr bei 170 °C ca. 20
Min. backen bzw. so lange, bis das Strudelteigblatt Farbe annimmt.

pro Portion

kJ	kcal	Eiweiß (g)	Fett (g)	KH (g)	BE
1727	411	45	19	15	1.25

> Tipp <

Anstatt Schweinekoteletts können Sie für dieses Rezept auch Schweinefilet, Hühnerbrust, Putenbrust oder Kalbsschnitzel verwenden.

Schweinekotelett – überbacken *4 Portionen*

4 Schweinekoteletts á 150 g

Zum Überbacken
Lauchvariante:
1 große Stange Lauch (600 g),
in Ringe schneiden
2 EL Tomatenmark (30 g)
1 EL Kräuter der Provence
Kräutersalz
1 Becher Sauerrahm

Kürbisvariante:
600 g Hokkaido-, Moschus oder
Butternutkürbis, roh grob raspeln
Kräutersalz
3 Msp. Zimt

1 Becher Sauerrahm (250 g)

Beilagentipp
Bittersalat, Kartoffeln, Vollkornbrot

Koteletts auf der Fleischseite rundherum in Abständen von 1 cm ca. 1 mm tief einschneiden, damit sich das Fleisch beim Braten nicht nach oben wölbt.

Die Koteletts ohne Öl in einer sehr heißen Pfanne beidseitig ein paar Sekunden lang anbraten. Es sollen nur die Poren verschlossen sein.

✗ **Achtung!** Wenn Sie die Koteletts zu lange braten, werden sie beim Überbacken trocken. Herausnehmen und nebeneinander in eine ofenfeste Form legen.

Die Gemüsemasse je nach Variante zum Überbacken auf den Koteletts verteilen.

Im vorgeheizten Backofen bei 170 °C ca. 20 Min. backen.

Lauchvariante
Den Bratenrückstand mit ½ Tasse Wasser ablöschen. Alle Zutaten bis auf den Sauerrahm hinzufügen. Ca. 3 Min. zugedeckt dünsten. Vom Herd nehmen und den Sauerrahm untermengen.

Lauchvariante – pro Portion

kJ	kcal	Eiweiß (g)	Fett (g)	KH (g)	BE
1447	346	38	18	8	0.6

Kürbisvariante
Kürbis würzen und mit dem Sauerrahm vermengen.

Kürbisvariante – pro Portion

kJ	kcal	Eiweiß (g)	Fett (g)	KH (g)	BE
1419	340	36	17	10	0.9

> Lauch und Kürbis <

Vom **Lauch** können Sie bis auf den Wurzelansatz alles essen. Die grünen Blätter enthalten besonders viele Wirkstoffe. Zum Waschen schneiden Sie den Lauch am besten an der Stelle auseinander, an der das erste Blatt auseinandergeht. Den weißen unteren Teil können Sie im Ganzen waschen. Den grünen oberen Teil bis zur Mitte hin der Länge nach einschneiden und die Erde aus den Blättern waschen. Lauch kann sowohl roh als auch gegart gegessen werden.

Den **Kürbis** in Spalten schneiden und die Schale entfernen. Der eher kleinere dunkel orangefarbene Hokkaidokürbis muss nicht geschält werden. Kürbis können Sie sowohl roh, z. B. fein aufgerieben für den Salat, als auch gekocht genießen. Durch den milden Eigengeschmack nimmt der Kürbis den Geschmack von Gewürzen gut auf. Sie können Kürbis traditionell mit Salz und Pfeffer würzen oder extravagant mit Zimt, Curry, Paprika, Ingwer oder Zitronenschale.

Spinat-Schafskäse-Schnitzel *4 Portionen*

4 Kalbs-, Schweine- oder Putenschnitzel
á 150 g
Kräutersalz
4 hauchdünne Scheiben Karreespeck
oder Schinken á 15 g
1 Packung Schafskäse á 250 g,
in Scheiben schneiden
200 g Blattspinat
Kräutersalz, Pfeffer, Muskat
evtl. Knoblauch

1 EL Öl zum Braten (10 g)

Beilagentipp
Salat, Reis, Nudeln, Spätzle, Kartoffeln,
Semmelknödel, Gemüse

Schnitzel ca. 3 mm dünn klopfen.
Schnitzel salzen und mit je einer Scheibe
Schinken belegen.
Blattspinat und Schafskäse in die Mitte des
Schinkenblattes legen. Am Rand ca. 2 Finger
breit frei lassen.
Gewürze über den Schafskäse streuen.
Das Schnitzel in der Mitte zu einer Tasche ein-
klappen. Am Rand gut festdrücken.
Mit einem Messerrücken am Rand entlang fest
klopfen und mit je 2 Holz-Zahnstochern oder
Metallspießchen fixieren.

Eine Pfanne mit Öl auspinseln und erhitzen.
Die Schnitzelpäckchen darin rundherum scharf
anbraten.
Mit ½ Tasse Gemüsebrühe oder Wasser
ablöschen. Zugedeckt ca. 10 Min. dünsten
lassen. Evtl. Wasser nachgießen.

pro Portion

kJ	kcal	Eiweiß (g)	Fett (g)	KH (g)	BE
1479	352	44	19	0,5	0,1

> Gewusst wie – Zubereitungstipps <

Dicker oder dünner Pfannen- und Topfboden?

Wenn Sie etwas nur kurz erhitzen möchten, z. B. Milch für den Pudding, ist es besser, wenn Sie einen Topf mit sehr dünnem Boden verwenden. Der heizt sehr schnell auf. Im Gegensatz dazu dauert das Aufheizen bei einem dicken Topfboden länger, dafür wird die Temperatur länger beibehalten, was beim Braten vorteilhaft ist. Nur so können sich die Poren des Garguts verschließen und Geschmack, Saftigkeit, aber auch Vitamine und andere Wirkstoffe erhalten bleiben.

Schnitzel klopfen

Verwenden Sie zum Klopfen der Schnitzel nicht den Schnitzelklopfer, der franst das Fleisch aus, sondern besser ein Plattiereisen oder eine Pfanne. Siehe Seite 93.

Rindsschnitzel in pikanter Sauce *4 Portionen*

1 EL Rapsöl (10 g)

4 Rindsschnitzel á 150 g

1 große Zwiebel (100 g), hacken

ca. 8 Zehen Knoblauch

1 EL grüne Pfefferkörner aus dem Glas (15 g)

3 große Stück Essiggurken (180 g), würfeln

1 Schuss naturtrüber Apfelessig (30 g)

ca. ⅜ l Wasser (375 g), kochend heiß (Wasserkocher)

1 Suppenwürfel ohne Hefe, Glutamat und Gluten

1 EL Senf (20 g)

Gewürztipp

Senf, Kräutersalz, Rosmarin, Lorbeer, Zitronenschale, Thymian; Petersilie

Beilagentipp

Salat, Gemüse, Vollkornspätzle, Vollkornnudeln, Vollkornbrot

Rindsschnitzel würzen und in Öl anbraten. Restliche Zutaten hinzufügen, aufgießen und zugedeckt weich dünsten.

Wenn Sie die Sauce sämiger möchten, können Sie diese binden.

Mit frischen Kräutern vollenden.

pro Portion

	kJ	kcal	Eiweiß (g)	Fett (g)	KH (g)	BE
ohne Maisstärke	1074	256	33	10	7	0,6
mit Maisstärke	1111	265	33	10	10	0,8

> Sauce binden <

Ca. 1 gehäuften TL Maisstärke (10 g) mit ½ Tasse kaltem Wasser verrühren und unter Rühren in die Sauce einkochen. **Oder** 1 hühnereigroße mehlige Kartoffel roh fein reiben und von Anfang an mitkochen.

Schweinekoteletts im Gemüsebad *4 große Portionen*

1 EL Rapsöl (10 g)
4 Schweinekoteletts á 170 g inkl.
Knochen
1 Zwiebel (100 g), in Spalten schneiden
1 kg Mischgemüse frisch oder gefroren
¼ l Wasser (250 g), kochend heiß
1 Suppenwürfel ohne Hefe, Glutamat
und Gluten
1½ EL Senf (30 g)

Zum Binden
➤ 1 EL Weizen-Vollkornmehl (15 g)
⅛ l Wasser (125 g)

Gewürztipp
Wacholder, Kümmel, Knoblauch,
Rosmarin, Kräutersalz, Pfeffer

Beilagentipp
Salat, Kartoffeln, Vollkornreis, Vollkornnudeln

➤ ✗ ½ TL Johannisbrotkernmehl

> Sauce binden? <

Evtl. mit in Wasser verrührtem
Mehl binden und unter Rühren
1 x aufkochen.

Koteletts leicht einschneiden, damit sich die
Enden nicht nach oben wölben, würzen, ein paar
Sekunden auf jeder Seite anbraten.

✗ **Achtung!** Nicht zu lange braten, sonst
trocknet das Fleisch aus.

Fleisch aus der Pfanne nehmen und Gemüse
braten. Aufgießen und zugedeckt dünsten.
Fleisch hinzufügen und ein paar Minuten
dünsten. Nicht zu lange, sonst wird das Fleisch
trocken und das Gemüse patzig.

Mit frischen Kräutern vollenden.

pro Portion

kJ	kcal	Eiweiß (g)	Fett (g)	KH (g)	BE
1836	437	43	21	18	1,5

Rehcurry mit Kokos *4 Portionen*

600 g Rehfleisch, z. B. Schulter, schnetzeln
1 große rote Zwiebel (150 g)
¼ l Gemüsebrühe (250 g)
mindestens ¼ l Wasser (250 g)
2 Zehen Knoblauch, hacken
1–2 EL Currypulver
1 hühnereigroße mehlige Kartoffel (70 g), mit Schale roh fein reiben
Schale 1 Bio-Zitrone
4 Stängel Zitronenthymian
Kräutersalz
evtl. Chili

Zum Vollenden
½ Glas Kokosmilch (100 g)
3–4 EL Kokosflocken (40 g)

Beilagentipp
Salat, Reis, Nudeln, Spätzle, Serviettenschnitte, Gnocchi, Gemüse

> Tipp <

Sie können diese ungewöhnliche Kreation auch mit Kalb-, Lamm-Schweine-, Hühner- oder Putenfleisch zubereiten.

Rehfleisch in einer sehr heißen Pfanne scharf anbraten.
Zwiebel mitrösten.
Curry kurz mitrösten.
Mit Gemüsebrühe und kochendem Wasser aus dem Wasserkocher ablöschen.
Restliche Zutaten hinzufügen und zugedeckt ca. 20 Min. schmoren. Dabei immer wieder umrühren. Evtl. mit heißem Wasser nachgießen. Die Sauce soll dicksämig einkochen.

Rehcurry vom Herd nehmen und Kokosmilch und -flocken untermengen. Sofort servieren.

✗ **Achtung!** Kokosmilch nicht mitkochen! Kokosmilch verliert sehr rasch an Geschmack!

Variante: Süß-Sauer-Kokoscurry
Geben Sie 5 Min. vor dem Garende ca. 200 g Obst, z. B. 1 großen Apfel, ½ Mango oder ¼ Ananas, jeweils in Würfel geschnitten, zum Curry. Evtl. mit ½ TL Honig oder Orangenmarmelade süßen.

pro Portion ohne Obst

kJ	kcal	Eiweiß (g)	Fett (g)	KH (g)	BE
1012	242	34	8	7	0.6

Lauch-Sahne-Spaghetti-Geschnetzeltes *4 Portionen*

500 g Geschnetzeltes von Kalb,
Schwein, Reh, Huhn oder Pute
1 sehr große Stange Lauch (800 g),
in Ringe schneiden
⅛ l Milch (125 g)
⅛ l Rahm (125 g)
mindestens ⅛ l Wasser (125 g)
➤ 1 EL Haferkleie (15 g)
Kräutersalz, Muskat, Pfeffer

➤ 250 g Vollkorn-Spaghetti
Salzwasser (auf 1 l Wasser 1 TL Salz)

Kerbel oder Schnittlauch zum Bestreuen

Beilagentipp
Bittersalat

➤ ✁ Anstatt Haferkleie ½ kleine
Kartoffel fein reiben und mitkochen. Glutenfreie Spaghetti
verwenden.

> Tipp <

Sie können das Fleisch entweder
ganz weglassen oder anstatt
Fleisch Fisch verwenden.

Geschnetzeltes in einer sehr heißen Pfanne ohne
Fett durchrösten. Lauch kurz mitrösten. Restliche
Zutaten hinzufügen und zugedeckt ca. 20 Min.
schmoren lassen. Nach Bedarf etwas kochend
heißes Wasser hinzufügen.

In der Zwischenzeit die Vollkornspaghetti in Salzwasser fast al dente garen. Es soll noch ein
kleiner Biss bleiben. Herausnehmen und
abtropfen lassen. Nicht abschrecken.

Abgetropfte Spaghetti 1 Min. vor Ende der
Garzeit zum Fleisch geben. Kurz mitgaren.

Mit Kerbel oder Schnittlauch bestreuen.

pro Portion   ⊠

kJ	kcal	Eiweiß (g)	Fett (g)	KH (g)	BE
2274	543	39	17	56	4.6

Kalbsragout

4 große Portionen

1 EL Rapsöl (10 g)
500 g Kalbfleisch, schnetzeln
2 Zwiebeln (200 g), würfeln
2 große Karotten (250 g),
raspeln oder würfeln
1 Stück Sellerie (100 g),
raspeln oder würfeln
ca. ½ l Wasser (500 g), kochend heiß
(Wasserkocher)
1 Suppenwürfel ohne Hefe, Glutamat
und Gluten
1 EL Senf (20 g)
250 g Champignons oder andere Pilze,
in Scheiben schneiden

Zum Binden
➤ 1 EL Weizen-Vollkornmehl (15 g)
¹⁄₁₆ l Wasser

Gewürztipp
Kräutersalz, Zitronenschale, Muskat,
Rosmarin, Thymian

Beilagentipp
Salat, Kartoffeln, Vollkornreis, Hirse,
Vollkornnudeln

➤  ½ TL Johannisbrotkernmehl

Fleisch und Gemüse anrösten. Aufgießen,
würzen und zugedeckt weich dünsten.

Pilze hinzufügen, aufkochen und mit frischen
Kräutern vollenden.

Evtl. binden. Dazu Wasser und Mehl verrühren
und unter Rühren in das Ragout einkochen.

pro Portion

kJ	kcal	Eiweiß (g)	Fett (g)	KH (g)	BE
950	227	29	8	10	0,8

> Zubereitungstipps <

Salzen Sie das Ragout erst kurz vor dem Servieren, dann
verlieren die Pilze weniger Wasser!

Champignons mithilfe eines Eierteilers **schneiden** – das
spart Zeit!

Kartoffelgulasch

4 große Portionen

1 EL Rapsöl (10 g)

200 g Bratenreste oder Schinken, würfeln

2 Zwiebeln (200 g), in Spalten schneiden

1 kg Wurzelgemüse (z. B. Karotten, Sellerie, Lauch, Knoblauch, Pastinake), grob würfeln

800 g festkochende Kartoffeln, ungeschält, grob würfeln

1 Dose Tomaten gehackt (ca. 400 g)

ca. 1 l Wasser, kochend heiß (Wasserkocher)

1 Suppenwürfel ohne Hefe, Glutamat und Gluten

Gewürztipp

Kräutersalz, Bohnenkraut, Majoran, Salbei, Liebstöckel (= Maggikraut), Paprikapulver, Kümmel

Beilagentipp

Salat

Bratenreste, Gemüse und Kartoffeln anrösten. Restliche Zutaten hinzufügen. Zugedeckt garen. Mit frischen Kräutern vollenden.

pro Portion

kJ	kcal	Eiweiß (g)	Fett (g)	KH (g)	BE
1485	353	22	7	49	4

> Was sind Pastinaken? <

Pastinaken sind längliche Rüben von gelblich weißer Farbe, ähnlich einer Petersilienwurzel. Pastinaken schmecken leicht süßlich.

Szegediner Rindsgulasch *4 Portionen*

500 g Zwiebeln, hacken

600 g Rindfleisch, in Würfel schneiden

1 EL Tomatenmark (20 g)

1 Schuss naturtrüber Apfelessig (30 g)

½ l Wasser (500 g), kochend heiß (Wasserkocher)

Kümmel, Wacholder, Thymian, Pfeffer, Paprikapulver

500 g Sauerkraut

Kräutersalz

frische Petersilie zum Bestreuen

Beilagentipp

Salat, Kartoffeln, Serviettenschnitte

Zwiebel und Fleisch ohne Fett anrösten.

Tomatenmark kurz mitrösten.

Mit Essig ablöschen, aufgießen, Gewürze und Sauerkraut hinzufügen und zugedeckt, am besten in einem Schnellkochtopf, garen. Abschmecken.

Mit frisch gehackter Petersilie bestreuen.

pro Portion

kJ	kcal	Eiweiß (g)	Fett (g)	KH (g)	BE
1217	290	33	13	8	0,7

> Sie möchten eine sämige Sauce? <

Kochen Sie eine roh geriebene hühnereigroße mehlige Kartoffel mit oder rühren Sie 1 TL Maisstärke mit 5 EL kaltem Wasser glatt; zum Schluss ins Gulasch geben und unter Rühren aufkochen.

Kalbsragout mit Brokkoli und Pilzen *4 Portionen*

1 Zwiebel (100 g), hacken
1 EL Rapsöl (10 g)
500 g Kalbfleisch, in Streifen schneiden
¾ l Wasser (750 g), kochend heiß
(Wasserkocher)
1 Suppenwürfel ohne Hefe, ohne
Glutamat, glutenfrei
1 rohe mehlige Kartoffel, mit Schale
fein reiben (100 g)
800 g Brokkoli, frisch oder gefroren
500 g Eierschwammerl (Pfifferlinge),
ersatzweise Champignons oder
Tiefkühlpilze
Petersilie zum Bestreuen

Gewürztipp
Kräutersalz, Pfeffer, Thymian, Majoran,
Basilikum

Beilagentipp
Vollkornreis, Vollkornbrot, Salat,
Kartoffeln

Zwiebel in Öl anrösten, Fleisch mitrösten. Mit heißem Wasser aufgießen, Gewürze und Kartoffeln hinzufügen und zugedeckt weich garen.

Brokkoli und Eierschwammerl hinzufügen und zugedeckt kurz mitgaren. Nach Bedarf zusätzliches Wasser nachgießen.

Mit frisch gehackter Petersilie bestreuen und sofort servieren.

pro Portion

kJ	kcal	Eiweiß (g)	Fett (g)	KH (g)	BE
1180	281	34	11	11	0,9

> Tipp <

Salzen Sie das Ragout erst nach dem Garen, dann verlieren die Pilze nicht so viel Wasser.

Chili con Carne

6 Portionen

1 große Zwiebel, gehackt
500 g Rindfleisch, geschnetzelt oder
gewürfelt
2 kleine oder 1 große Dose passierte
oder Tomaten in Stücken (800 g)
3–4 Zehen Knoblauch
evtl. etwas Wasser zum Aufgießen

3 kleine oder 1 große und 1 kleine
Dose rote Bohnen (ca. 700 g Abtropfgewicht)
1 große grüne Paprikaschote,
gewürfelt

Evtl. zum Binden
Ca. 1 gehäufter TL Maisstärke verrührt
mit 5 EL Wasser

Zum Bestreuen
Petersilie

Gewürze
Chili, frisch oder gemahlen
Kräutersalz, Oregano, Thymian, Salbei
evtl. Kreuzkümmel

Beilagentipp
Reis oder Brot
Salat

Zwiebel und Fleisch ohne Fett anrösten. Tomaten
dazugeben, würzen und zugedeckt, am besten
im Schnellkochtopf 1 x aufkochen bzw. so lange
garen lassen, bis das Fleisch weich ist (mind.
20 Min.).
Rote Bohnen und Paprikawürfel untermengen
und kurz köcheln lassen. Evtl. mit in Wasser
verrührter Maisstärke binden. 1 x kurz aufkochen
lassen. Kräftig würzen.

pro Portion

kJ	kcal	Eiweiß (g)	Fett (g)	KH (g)	BE
1304	310	28	8	32	2,6

> Ideales Schlankheitsgericht <

Mit nur rund 300 kcal pro Portion eignet sich dieses Chili
wunderbar als Schlankheitsgericht. Selbst in Begleitung einer
großen Portion Reis gelangt man nur auf rund 500 kcal. Das
Rezept bietet aber noch viel mehr. Scharfes Essen baut die
Magenschleimhaut auf, ist also ein idealer Vorbeuger gegen
Magenschleimhaut-Entzündungen, also Gastritis. Aber Vorsicht!
Wenn Sie bereits an einer Gastritis erkrankt sind, dann Hände
weg von Scharfem, das würde die Beschwerden nur noch
verschlimmern.

Lasagne

4–5 Portionen

Sugo

1 Scheibe á 10 g Speck, fein würfelig schneiden

1 große Zwiebel, gehackt (100 g)

mind. 4 Zehen Knoblauch, gehackt

150 g Knollensellerie, fein! geraspelt

150 g Karotte, fein! geraspelt

300 g Faschiertes

2 Dosen á 400 g passierte oder Tomaten in Stücken

Kräutersalz, Pfeffer

Thymian, Majoran, Oregano, Rosmarin, Salbei oder als Alternative Pizzakräuter

Béchamelsauce

➤ 5 EL Weizen-Vollkornmehl (= 75 g)

1 l Milch

Muskatnuss, Kräutersalz

Zum Bestreuen

100 g Parmesan

➤ 250 g Lasagneblätter ohne Ei

Beilagentipp: Salat

➤ ✗ Austauschmehl und glutenfreie Lasagneblätter verwenden

Sugo

Speck, Zwiebel, Gemüse und Fleisch ohne Fett kurz rösten.

✗ **Achtung!** Brennt leicht an. Umrühren! Tomaten und Gewürze hinzufügen und zugedeckt weich kochen.

Béchamel

⅔ der Milch aufkochen lassen. Die restliche Milch mit dem Mehl verrühren und in die kochende Milch einrühren. Aufkochen bis es blubbert. Würzen.

Eine Auflaufform mit Öl dünn auspinseln. Lagenweise Béchamel, Lasagneblätter, Sugo, Béchamel und Parmesan einfüllen.

2 EL Parmesan auf die Seite geben. Béchamel soll die letzte Schicht sein.

Bei ca. 180 °C ca. 40–60 Min. goldbraun backen. 10 Min. vor Garende mit den 2 EL Parmesan bestreuen. Bei 150 °C fertig backen.

✗ **Achtung!** Parmesan nicht länger als 10 Min. mitbacken, kann sonst bitter werden!

5 Portionen/pro Portion ⊗

kJ	kcal	Eiweiß (g)	Fett (g)	KH (g)	BE
2684	640	36	26	64	5.4

> Lasagne auf Vorrat <

Die fertig gegarte Lasagne kann wunderbar auf Vorrat tiefgefroren werden.

Tipp zum Auftauen: Geben Sie die Lasagne in eine ofenfeste Form. Gehackte Tomaten aus der Dose würzen und über die Lasagne gießen. Evtl. mit frisch zubereiteter Béchamel überziehen, damit die Lasagne nicht austrocknet. Im Backrohr bei 160 °C ca. 15 Min. backen.

Ofenleber

6 Portionen

Originalrezept von Haubenkoch Alexander Fankhauser, modifiziert von Angelika Kirchmaier

400 g Kalbs- oder Lammleber
100 g Kalbs- oder Lammhackfleisch
50 g Kalbs- oder Lammlunge
50 g Kalbs- oder Lammherz
➤ 2 EL Haferkleie (30 g)
1 Zwiebel (100 g), grob hacken
1 mittelgroße Kartoffel (100 g),
gegart, geschält
➤ 3½ Scheiben Mehrkorn-Toastbrot
   (ca. 80 g), in Würfel schneiden
2 Eier
Petersilie, Maggikraut (Liebstöckel),
Kräutersalz, Pfeffer, Majoran

1 Terrinenform oder ersatzweise eine
Kastenform

Beilagentipp

Bittersalate, z. B. Endivien, Zuckerhut,
Radicchio, Brüssler Spitzen, Kartoffeln,
gedünstetes Kraut

➤ Anstatt Haferkleie Austauschmehl, anstatt Toastbrot
   glutenfreies Brot

Alle Zutaten, bis auf die Eier, durch einen Fleisch-
wolf drehen.

Eier hinzufügen, kräftig würzen.

Masse in eine mit Backfolie ausgekleidete
Terrinen- oder Kastenform füllen und im Rohr bei
ca. 180 °C ca. 45 Min. backen.

pro Portion

kJ	kcal	Eiweiß (g)	Fett (g)	KH (g)	BE
969	231	24	8	15	1.25

> Ist Leber gesund? <

In Maßen genossen, also max. 1 x pro Monat, ja. Leber ist im
Körper wesentlich an der Regulierung des Vitamin- und Mine-
ralienstoffwechsels beteiligt, was dazu führt, dass Leber sehr
viele Vitamine und Mineralstoffe enthält.
Ob eine Leber gesund oder weniger gesund ist, hängt von
Faktoren, wie z. B dem Alter des Tiers, der Tierhaltung,
Fütterung, Schadstoffbelastung sowie der
Medikamenteneinnahme ab. Die Leber von älteren Tieren
kann mitunter sehr stark belastet sein. Bevorzugen Sie Leber
von heimischen Tieren, am besten aus Bio-Haltung.

Leber und Cholesterin

Leber enthält – auf 100 g bezogen – rund 45 % mehr Choles-
terin als ein Hühnerei der Größe L. Ergänzen Sie deshalb
Lebergerichte mit einem Cholesterinbinder, z. B. Haferkleie,
Bittersalate, wie z. B. Endiviensalat oder Radicchio, Äpfel oder
Preiselbeeren. Der Fantasie sind dabei keine Grenzen gesetzt.

Hackfleisch-Gemüsepfanne *4 Portionen*

2 große Zwiebeln (200 g), hacken
500 g Hackfleisch, gemischt
je 1 rote, gelbe und grüne Paprikaschote (500 g), beliebig schneiden
ca. 8 Zehen Knoblauch
1 Schuss naturtrüber Apfelessig zum
Ablöschen (ca. 30 g)
¼ l Wasser (250 g), kochend heiß
1 EL Curry, Kräutersalz
800 g Mischgemüse, frisch oder
gefroren, beliebig geschnitten

1 Bund Schnittlauch zum Bestreuen

Beilagentipp
Salat, Kartoffeln, Naturreis, Vollkornbrot, rote Bohnen mitgaren

Zwiebel und Fleisch ohne Fett kräftig rösten.
Paprika und Knoblauch hinzufügen und KURZ
mitrösten. Mit Essig ablöschen. Restliche Zutaten
hinzufügen und zugedeckt bissfest dünsten. Nach
Bedarf noch etwas Wasser nachgießen.

Mit Schnittlauch bestreuen.

✗ **Achtung!** Zu langes Rösten macht Paprika
und Knoblauch bitter!

pro Portion

kJ	kcal	Eiweiß (g)	Fett (g)	KH (g)	BE
1804	429	32	23	22	1,9

Faschierte Laibchen, Würstchen oder Braten   *4 Portionen*

2 Zwiebeln (200 g), hacken
400 g Hackfleisch vom Rind und Schwein
➤ 4 Scheiben Vollkorn-Toastbrot
  (100 g), würfeln oder 3 mehlige
  Kartoffeln (300 g), kochen, reiben
400 g Wurzelgemüse (Karotten, Sellerie, Petersilienwurzel), fein hacken
ca. 8 Zehen Knoblauch, fein hacken
1 Ei
Paprikapulver, Kräuter der Provence,
Kräutersalz, Petersilie

Für faschierte Laibchen
2 EL Rapsöl zum Braten (20 g)

Für faschierten Braten
1 EL Rapsöl zum Anbraten (10 g)
½ l Wasser (500 g), kochend heiß
1 Suppenwürfel ohne Hefe, Glutamat,
glutenfrei
800 g Wurzelgemüse, in grobe Stücke
schneiden
800 g festkochende Kartoffeln,
ungeschält, vierteln
Kümmel, Kräuter der Provence,
Kräutersalz
Knoblauchzehen im Ganzen

Beilagentipp: Salat, Kartoffelpüree,
Kartoffeln, Gemüse

➤ Verwenden Sie die angegebene
  Menge Kartoffeln anstatt Mehrkorn-Toastbrot

Zwiebel ohne Fett anrösten. Mit den restlichen
Zutaten vermengen und so lange kneten, bis das
Fleisch weiße Fäden zieht. Laibchen, Würstchen
oder Braten (ovalen Laib) formen.

Laibchen
Laibchen in der angegebenen Ölmenge zugedeckt braten. Umdrehen und ohne Deckel fertig
braten.

Braten
Braten in der angegebenen Ölmenge rundherum
scharf anbraten.
Wasser und Suppenwürfel in eine ofenfeste Form
geben, verrühren. Braten, Gemüse, Kartoffeln
und Gewürze hineinlegen. Im vorgeheizten Rohr
bei ca. 170 °C backen. Immer wieder mit der
Flüssigkeit übergießen, evtl. Flüssigkeit nachgießen.
5 Min. vor Garende überkrusten, z. B. mit Oberhitze oder Grillfunktion.

Braten pro Portion

	kJ	kcal	Eiweiß (g)	Fett (g)	KH (g)	BE
mit Brot	2464	586	39	22	56	4,6
mit Kartoffeln	2433	580	38	22	56	4,7

Laibchen und Würstchen pro Portion

	kJ	kcal	Eiweiß (g)	Fett (g)	KH (g)	BE
mit Brot	1767	421	32	23	20	1,7
mit Kartoffeln	1736	414	32	23	20	1,7

> Zubereitungstipps <

Braten übergießen

Sie ersparen sich das Übergießen mit Flüssigkeit, wenn Sie den Braten mitsamt den Zutaten in einen Bratschlauch oder Römertopf geben.

Schneiden und vermengen

Wenn Sie eine Moulinette, einen Standmixer oder den Thermomix verwenden, können Sie alle Zutaten in einem hacken und verkneten, und Sie ersparen sich das Schneiden der einzelnen Zutaten.

Hackbraten „Tante Sofie" *4 Portionen*

Originalrezept von Marianne Kaltenbach, modifiziert von Angelika Kirchmaier

250 g Ricotta (entspricht Topfen mit 40 % F.i.T.)
400 g Faschiertes
100 g Sellerie und Lauch, fein geraspelt
5 EL Parmesan oder Alm-Bergkäse
1 Bund Petersilie
2 Eier
➤ 2 EL Haferkleie (30 g)
Kräutersalz, Pfeffer, Muskat

Zum Wenden
➤ 1 EL Vollkornbrösel

Zum Braten
1 EL Rapsöl

Zum Angießen
1 dl Weißwein (100 g)
Gemüsebrühe

Beilagentipp
Heurige Kartoffeln, die Sie mitbraten können, Salat

➤ ✗ Austauschmehl und glutenfreie Brösel verwenden

Alle Zutaten verrühren. Kräftig würzen.

Die Masse ist sehr weich. Am besten mit nassen Händen zwei größere oder vier kleinere Braten formen und in der Pfanne in wenig Öl rundherum anbraten.

Mit Wein ablöschen und den Wein vollständig verdunsten lassen.
Mit Gemüsebrühe nach und nach aufgießen.
Zugedeckt am Herd köcheln lassen.

pro Portion

kJ	kcal	Eiweiß (g)	Fett (g)	KH (g)	BE
2324	554	36.1	39.6	10	0.8

> Zubereitungstipps <

Alternativ dazu können Sie den Braten nach dem Anbraten im Rohr bei 180 °C knusprig braun garen. Dabei immer wieder mit mild gewürzter Gemüsebrühe übergießen.
Die Gardauer hängt von der Größe des Bratens und ihrem Backrohr ab und kann von 30 Min. bis einer guten Stunde betragen. Sie ersparen sich das Nachgießen, wenn Sie den Braten in einen Bratschlauch oder einen gut schließenden Bräter geben.

✗ **Achtung!** Für Kinder, Schwangere oder Gichtpatienten empfehle ich eine alkoholfreie Zubereitung mit Gemüsebrühe.

Haferkleie als Cholesterinbinder
Nachdem im Rezept einige Cholesterinbömbchen versteckt sind, z. B. Ricotta, Fleisch, Eier und Käse, wird das „Gegengift" – die cholesterinbindende Haferkleie – gleich mitgeliefert. Je mehr Haferkleie Sie verwenden, umso besser.

Senfwürstchen

4 Portionen

200 g Fleisch, faschiert
➤ 100 g Vollkorn-Haferflocken
1 Ei
1 Zwiebel (100 g), hacken
2 mehlige Kartoffeln (200 g), ungeschält roh reiben
Majoran, Kräutersalz, Pfeffer
2 EL Senf (40 g)
➤ 1 gehäufter EL Vollkornmehl zum
    Wälzen (15 g)
½ Suppenwürfel ohne Hefe, Glutamat,
glutenfrei, mit der Hand zerdrücken

2 EL Öl zum Braten (20 g)

Zum Aufgießen

½ l Wasser, kochend heiß
½ Suppenwürfel ohne Hefe, ohne
Glutamat, glutenfrei
1 EL Senf (20 g)
Kräutersalz, Pfeffer; Majoran

Beilagentipp

Salat, Vollkornbrot, Kartoffeln, Reis,
Gemüse

➤ Hirseflocken und Austausch-
    mehl oder 115 g Austausch-
    mehl

Alle Zutaten gut verkneten, sodass das Fleisch
weiße Fäden zieht. Ist die Masse zu fest, geben
Sie noch etwas Wasser hinzu.
Kleine Würstchen formen. In Mehl drehen und in
einer Pfanne in wenig Öl braten.

pro Portion

kJ	kcal	Eiweiß (g)	Fett (g)	KH (g)	BE
1498	357	17	19	29	2,4

> Gewusst wie <

Geben Sie die Haferflocken auf ein Backblech und rösten Sie
sie für ein paar Minuten. Nicht zu lange und nicht zu stark
(Acrylamidgefahr!). Mahlen Sie anschließend die Haferflocken
in einer elektrischen Kaffeemühle.
Wenn Sie den Teig über Nacht ziehen lassen, schmecken die
Würstchen noch mal so gut.
Je fettärmer das Fleisch, desto gesünder das Würstchen.

Sugo Bolognese für Gemüsemuffel 6 Portionen

Gemüse

3 Zwiebeln

⅛ l kochendes Wasser

1 Karotte, in grobe Stücke schneiden

150 g Zucchini oder Kürbis, in grobe Stücke schneiden

1 mehlige Kartoffel (100 g), in grobe Stücke schneiden

1 halber kleiner Boskoop-Apfel (50 g), in grobe Stücke schneiden

½ kg frische Tomaten, vierteln, oder 2 Dosen geschälte Tomaten

Fleisch

1 Scheibe Speck

700 g mageres Faschiertes

⅛ l Wasser

italienische Kräuter

Kräutersalz

Gemüse

Zwiebeln, halbieren und in grobe Scheiben schneiden, ohne Fett anrösten.
Restliche Zutaten hinzufügen.

Im Schnellkochtopf, Ring 2, ca. 7 Min. garen.
Pürieren.

Fleisch

Speck, fein schneiden, anrösten.
Mageres Faschiertes mitrösten.
Mit kochendem Wasser aufgießen.
Italienische Kräuter und Kräutersalz untermengen, 5 Min. im Schnellkochtopf, Ring 2, garen.
Mit dem Gemüsepüree vermischen und abschmecken.

✗ **Hinweis!** Das Sugo lässt sich sehr gut einfrieren!

pro Portion

kJ	kcal	Eiweiß (g)	Fett (g)	KH (g)	BE
1011	241	25	12	9	0.8

> Gemüsemuffel überlisten <

Mischen Sie das Gemüse in pürierter Form unter! So fällt das Gemüse optisch nicht auf und wird daher von Gemüsemuffeln kaum als solches erkannt. Eine gute Methode, um die Geschmacksrezeptoren an Gemüse zu gewöhnen.

Beilagen – Basics

Energiespender beim Essen

- ➤ *Vielseitige Kartoffel*
- ➤ *Reis und Getreide*
- ➤ *Nudeln*
- ➤ *Polenta*
- ➤ *Spätzle*
- ➤ *Gemüse als Beilage*

Was wäre die Beilagenwelt ohne Kartoffeln, Reis, Nudeln oder Polenta? Diese Grundnahrungsmittel sind echte Sattmacher und bieten eine Fülle unterschiedlichster Variationen. Gerade die nüchtern anmutenden Kartoffeln sind echte Verwandlungskünstler. Ob puristisch als gedämpfte Kartoffel oder veredelt in allen Variationen, die Kartoffel passt sich jeder Situation an. Werten Sie die Beilagen mit reichlich Kräutern und Gewürzen auf und verwenden Sie Vollkorn-getreide, denn nur dann, wenn das ganze Korn verarbeitet wird, bleiben auch alle wertvollen Inhaltsstoffe wie Mineralien, Vitamine und bio-aktive Substanzen sowie aus-reichend Ballaststoffe erhalten. Bei Weißmehlprodukten bleibt nur der Energieträger über, der Rest wird weggemahlen.

> **> Tipp <**
>
> Wenn Sie Ihre Standardrezepte mit Vollkornmehl statt mit Weißmehl zubereiten wollen, verwenden Sie 10–20 % weniger Mehl als angegeben, sonst wird es eine trockene Angelegenheit.

Wann salzen?

Salzen Sie so spät wie möglich oder erst nach dem Garen. Salz trocknet aus und verlängert die Garzeit. Ein paar Beispiele aus der Küche.

Bei Getreidekörnern, wie z. B. Vollkornreis oder Gerste, und bei Hülsenfrüchten, also Erbsen, Bohnen und Linsen, dauert die Kochzeit mit Salz mindestens doppelt so lang.

Pilze, z. B. Champignons, verlieren enorm viel Wasser.

Gemüse verliert Wasser und Geschmack.

Innereien, z. B. Leber, werden hart.

Gebeiztes Fleisch, z. B. Wild oder Grillfleisch, wird zäh und hart, wenn die Beize Salz enthält. Ausnahme gewürztes Fleisch aus dem Handel. Hier wird spezielles Salz verwendet, das erst wirkt, wenn das Fleisch erhitzt wird.

Vielseitige Kartoffel

Speckige, mehlige, festkochende Kartoffeln?

Die Kartoffeln werden in drei Gruppen eingeteilt:

➤ **Festkochende = speckige Kartoffeln**
   Eigenschaften: Bleiben beim Kochen fest, behalten die Form, bilden eine glatte Schnittfläche, zerfallen beim Schneiden nicht, saugen kaum, d. h. saugen

weder Saucen noch Fett auf. Würde man z. B. Röstkartoffeln aus mehligen Kartoffeln zubereiten, saugen diese viel mehr Fett, als aus festkochenden Kartoffeln.
Verwendung: z. B. Röstkartoffeln, Kartoffelsalat, Gratins.

➤ **Vorwiegend festkochende Kartoffeln**

Eine Allround-Kartoffel, die man zu fast allem verwenden kann, allerdings mit Einbußen, da es sich um eine Mischform handelt.

> **> Garprobe bei Kartoffeln <**
>
> Stechen Sie mit einem Spieß oder Zahnstocher durch die Kartoffel, ist kein Widerstand mehr spürbar, ist die Kartoffel gar.

➤ **Mehlige Kartoffeln**
Eigenschaften: Schale platzt beim Kochen auf, die Kartoffeln zerfallen leicht, nehmen Flüssigkeit auf und haben einen höheren Stärkegehalt.
Verwendung: z. B. Püree, Kartoffelteig, Knödel, Folienkartoffeln, Kartoffelcremesuppe, zum Binden von Saucen, Suppen und Eintöpfen und zum Auftunken von Saucen. Sie erinnern sich, viele lieben es, die Kartoffeln mit der Gabel in die Sauce zu drücken und dann den Brei zu verspeisen. Das funktioniert am besten mit mehligen Kartoffeln.
Wenn Sie Pellkartoffeln aus mehligen Kartoffeln herstellen, saugen die Kartoffeln viel mehr Butter auf als aus festkochenden.

Kartoffelgewürze
Das Kartoffelgewürz schlechthin ist der Majoran. Aber auch viele andere Kräuter und Gewürze harmonieren vorzüglich mit den Kartoffeln. Kerbel, Dill, Thymian, Bohnenkraut, Schnittlauch, Petersilie, Salbei, Rosmarin, Oregano, Muskat, Pfeffer oder Kümmel.

Kartoffelleiche oder Vitaminbombe?
Man möchte es nicht glauben, drei hühnereigroße Kartoffeln decken $\frac{1}{3}$ des täglichen Vitamin-C-Bedarfs. Also nicht nur Kiwi und Co schenken Vitamin C, auch die heimischen Kartoffeln. Zusatzplus: Die heimische Kartoffel schont die Umwelt, u. a. deshalb, weil sie nicht so weit hergekarrt werden muss. Beim Zubereiten der Kartoffel entscheiden Sie, ob das Vitamin C in den Kartoffeln bleibt oder verloren geht. Beste Methode: Mit der Schale dämpfen, am besten in einem Dampfgarer oder auf dem Dünsteinsatz eines Schnellkochtopfs.

Wenn Sie jedoch die Kartoffeln schälen, in Würfel schneiden und in kaltem Wasser aufstellen, ist das der Tod für fast das ganze Vitamin C! Oder noch schlimmer, geschälte, gewürfelte Kartoffeln in kaltem Wasser einweichen.

Warum ungeschälte Kartoffeln verwenden?

Beim Schälen entfernen Sie den Schutzmantel, die Vitamine laugen aus. Die in der Schale vorhandenen darmreinigenden Ballaststoffe gehen durch das Schälen ebenfalls verloren.

Krebsgefahr durch Kartoffeln?

In den letzten Jahren wurde sehr viel über den krebserregenden Stoff Acrylamid diskutiert. Acrylamid entsteht, wenn stärkereiche Produkte, also z. B. Kartoffeln, zu stark erhitzt werden. Je höher der Stärkegehalt in der Kartoffel, desto eher bildet sich Acrylamid. Beim Garen gilt, immer wenn die Kartoffel austrocknet und sehr stark bräunt, explodiert der Acrylamidgehalt. Damit das nicht passiert, verwenden Sie – wenn möglich – für Kartoffelgerichte, die geröstet werden, vorgekochte Kartoffeln, z. B. für Bratkartoffeln, Rösti oder Gratins. Schalten Sie das Backrohr max. auf 170 °C ein und bräunen Sie die Kartoffeln nicht zu stark. In der letzten Phase der Bräunung vervielfacht sich der Acrylamidgehalt.

Kartoffeln – aus Bio-Anbau oder konventionell?

Bio bedeutet nicht automatisch besser. Aber für heimische Bio-Kartoffeln gelten sehr strenge Richtlinien, deshalb rate ich Ihnen zu heimischer Bio-Ware. Einerseits aus geschmacklichen Gründen, andererseits aus gesundheitlichen und nicht zuletzt aus Umweltschutzgründen.

Weit gereistes Bio-Gemüse können Sie nicht wirklich kontrollieren. Zudem sind die Bio-Kriterien in fernen Ländern zwar genau, aber das bedeutet noch lange nicht, dass die Produkte wirklich ausreifen können und einem Reizklima ausgesetzt sind. Beides ist für ein gesundes Produkt sehr wichtig.

Gedämpfte Kartoffeln *ca. 200 g Kartoffeln => 1 Portionen als Beilage*

Um möglichst viele Wirkstoffe, z. B. Vitamine, erhalten zu können, dämpfen Sie die Kartoffeln am besten in der Schale in einem **Kochtopf über Dampf** oder im **Dampfgarer**. Beim Dämpfen bleiben rund 98 % des Vitamins C erhalten. Kartoffeln erst nach dem Garen schälen und natur essen oder für köstliche Gerichte weiterverarbeiten.

Der **Schnellkochtopf** ist eine Alternative zum Dampfgarer. Immerhin 85 % des Vitamins C bleiben bei dieser Gartechnik erhalten. Allerdings nur, wenn Sie folgende Punkte beachten.
➤ Dünsteinsatz in den Schnellkochtopf einsetzen.
➤ Wasser einfüllen, und zwar nur bis fingerbreit oberhalb des Dünsteinsatzbodens.
➤ Wasser aufkochen.
➤ Erst wenn das Wasser kocht, die ungeschälten Kartoffeln in den Topf geben.
➤ Verschließen und bei Stufe (Ring) 2 ca. 5–10 Min. garen, je nach Größe.
➤ Vom Herd nehmen und ausdampfen lassen.

pro Portion

kJ	kcal	Eiweiß (g)	Fett (g)	KH (g)	BE
621	149	4	0.2	32	3

Folienkartoffeln natur *4 Portionen als Beilage*

4 mittelgroße rohe oder halb gegarte mehlige Kartoffeln á 200–220 g
Alufolie

> **Tipp** <

Anstatt Alufolie können Sie Backpapier verwenden. Oder die Kartoffeln ohne Folie zugedeckt in einem Bräter garen.

Kartoffeln sauber waschen, nicht schälen. Gewaschene Kartoffeln über Nacht gut trocknen lassen. Kartoffeln in Alufolie einwickeln. Glänzende Folienseite nach innen, sonst verlängert sich die Garzeit. Im vorgeheizten Backrohr bei 170 °C ca. 30 Min. garen.

pro Portion

kJ	kcal	Eiweiß (g)	Fett (g)	KH (g)	BE
621	149	4	0.2	32	3

Kartoffelpüree

1 Portionen als Beilage

200 g mehlige Kartoffeln
100 g Milch
½ TL Butter (5 g)
Salz
Muskat

Kartoffeln in der Schale dämpfen oder im Schnellkochtopf garen. Schälen.
Milch und Gewürze aufkochen, Kartoffeln durch die Kartoffelpresse in die heiße Milch drücken, Butter hinzufügen.
Mit einem Schneebesen oder dem Mixer luftig aufschlagen.

Varianten für eine besondere Note
Anstatt Butter ein paar Tropfen Trüffel-, Knoblauch oder Gewürzöl verwenden
für die würzige Note Kren oder frische Kräuter, z. B. Petersilie, Oregano, Thymian oder Majoran

pro Portion

kJ	kcal	Eiweiß (g)	Fett (g)	KH (g)	BE
1021	245	7	8	35	3,4

Kartoffelplätzchen

24 Plätzchen, 4 Portionen   *(siehe Foto rechts)*

500 g mehlige Kartoffeln, am Vortag gegart, gerieben oder durch die Kartoffelpresse gedrückt
2 Eier
20 g Bergkäse, gerieben
Kräutersalz, Pfeffer, Muskat
Petersilie, frisch gehackt

Zum Bestreuen
20 g Bergkäse

Kartoffeln mit den restlichen Zutaten **rasch** zu einer weichen Masse vermengen. Nicht zu lange rühren, sonst wird die Masse zäh.
Ein Backblech mit Backpapier auslegen.
Mit einem Löffel aus der Kartoffelmasse zwölf Häufchen auf ein Blech setzen. Mit dem Löffel oder mit der nassen Hand flach drücken.
Bergkäse über die Plätzchen reiben.
Im auf 170 °C vorgeheizten Rohr auf der zweiten Einschubleiste backen (ca. 20 Min.).

pro Portion

kJ	kcal	Eiweiß (g)	Fett (g)	KH (g)	BE
621	149	4	0.2	32	3

Fächerkartoffeln

4 Portionen als Beilage

4 mittelgroße rohe oder halb gegarte festkochende Kartoffeln á 200–220 g
Alufolie

Gewürze

Majoran, Rosmarin, Kümmel,
Knoblauch, Paprika, Kräutersalz u.v.a.
Siehe Gewürzmischungen Seite 140

Variante: Speckkartoffeln

In die Einschnitte fein gehackte
Zwiebel, fein gehackten mageren
Speck, Majoran und Kräutersalz geben.

Kartoffeln sauber waschen, nicht schälen. Über Nacht gut trocknen lassen. Kartoffeln mit einem Messer bis zur Hälfte fächerartig wie einen Kamm einschneiden. Abstände können beliebig gewählt werden, von 1 mm bis ½ cm.

Entweder ungewürzt lassen oder mit Gewürzen nach Wahl würzen. Kartoffeln mit Alufolie einwickeln (glänzende Seite nach innen!) oder in eine ofenfeste Form mit Deckel schlichten.

Im vorgeheizten Backrohr bei 170 °C ca. 30 Min. garen.

pro Portion

kJ	kcal	Eiweiß (g)	Fett (g)	KH (g)	BE
621	149	4	0.2	32	3

Reis und Getreide

Wie viel Reis oder Getreide als Beilage und als Hauptspeise?

Als Beilage können Sie 50 g rohen Reis pro Person rechnen, als Hauptspeise rund das Doppelte, also 100 g. Für Risotto als Hauptspeise wird oft noch mehr als 100 g Reis verwendet.

Reisalternativen

Anstatt Reis können Sie z. B. Hirse (braucht rund die vierfache Menge an Flüssigkeit), Buchweizen, Weizenkörner, Nacktgerste (braucht mindestens die vierfache Menge an Flüssigkeit), Grünkern oder Dinkel verwenden und wie Reis zubereiten.

Zubereitungstipps Vollkornreis

➤ Vollkornreis und Wasser im Verhältnis 1:2½ bis 1:3, je nach Reissorte. Das heißt, 1 Tasse Reis und 2½ bis 3 Tassen Wasser. Ausnahme Dampfgarer! Im Dampfgarer reicht die 1½- bis 2-fache Menge an Wasser.

➤ Für Eilige: Reis und Gewürze – außer Salz – auf den Dünsteinsatz des Schnellkochtopfes geben. Mit kochendem Wasser ca. 2 cm bedecken und im Schnell-

kochtopf ca. 15 Min., Ring 2, garen. **Achtung!** Ohne Dünsteinsatz brennt der Reis leicht an.

➤ Für Ausdauernde: Gehackte Zwiebel in wenig Öl anrösten, den Reis kurz mitrösten. Mit der dreifachen Menge Wasser aufgießen, Gewürze hinzufügen, aufkochen und bei ca. 150 °C zugedeckt ca. 1 Std. im Rohr dünsten lassen.

➤ Für Technikfreaks: Dampfgarer vorprogrammieren und nach der Arbeit den fertig gegarten Reis genießen. Funktioniert super! Dazu den Reis mit der 1½-fachen Menge an Wasser und beliebigen Gewürzen oder anderen Zutaten in einen ungelochten Garbehälter geben, **nicht** salzen! Auf 100 °C ca. 40 Min. einstellen. Zwiebeln können Sie, ohne sie vorher anzurösten, direkt zum Reis geben.

✗ **Achtung!** Vollkornreis erst nach dem Garen salzen. Salz verlängert die Garzeit!

Reisgewürze

Würzen Sie z. B. mit Curry, Kräutern, mit Nelken und Lorbeer gespickter Zwiebel, Paprikapulver, Safran oder Ringelblumenblättern. Verfeinern Sie den Reis, indem Sie geröstete Pilze, Zwiebeln, Knoblauch oder verschiedenes Gemüse hinzufügen.

Gemüsereis, Tomatenreis   *1 Portion als Beilage*

50 g Naturreis
150 g Wasser
Majoran, Thymian
80 g Gemüse oder gehackte Tomaten

Kräutersalz
Kerbel zum Bestreuen

Reis, Wasser und Kräuter laut Grundrezept garen. 5 Min. vor Garende das Gemüse hinzufügen. Salzen und mit frisch gehacktem Kerbel bestreuen.

pro Portion

kJ	kcal	Eiweiß (g)	Fett (g)	KH (g)	BE
828	197	5	1	41	3.4

Im Bild links (von links nach rechts): Curry-, Natur-, Tomaten- und Gemüsereis

Nudeln

Galten früher die Vollkornnudeln als Angriff auf die Geschmacksknospen, so können sie heute das i-Tüpfelchen eines herrlichen Gerichts sein. Wagen Sie sich an das Geschmackserlebnis Vollkornnudeln, Sie werden es schmecken, die Vollkornnudeln haben sich „herausgeputzt"!

Wie viel Nudeln als Beilage und als Hauptspeise?
Als Beilage können Sie 50 g rohe Nudeln pro Person rechnen, als Hauptspeise rund das Doppelte, also 100 g. Im Restaurant ist die Nudelportion meistens etwas üppiger. Hier werden oft 150 g Nudeln, roh gerechnet, serviert.

Nudeln garen
➤ **im Kochtopf:** Kochen Sie die Nudeln in reichlich sprudelndem Salzwasser, am besten auf 1 Teil Nudeln mindestens 5 Teile Wasser und auf 1 l Wasser 1 TL Salz. Wenn Sie zu wenig Wasser verwenden, kühlt das Wasser beim Einstreuen der Nudeln ab und die Nudeln werden nicht gleichmäßig gar. Nudelprofis garen die Nudeln in der 10-fachen Wassermenge.
➤ **im Dampfgarer:** Die Nudeln in einen ungelochten Einsatz geben, bis unterhalb des Einsatz-Randes mit kaltem Salzwasser auffüllen und auf 100 °C und der Garzeit laut Nudelpackungsangabe einstellen.

Öl ins Nudelkochwasser?
➤ **Nudeln kleben nicht zusammen?** – Nudeln kleben auch ohne Öl nicht zusammen, wenn Sie die Nudeln in das **kochende** Salzwasser geben, ausreichend Wasser verwenden und 1–2 x umrühren.
➤ **Nudelkochwasser geht nicht über?** – Stimmt bedingt. Wenn Sie einen ausreichend großen Topf verwenden und rechtzeitig zurückschalten, gehen die Nudeln auch ohne Öl nicht über. Falls doch, streichen Sie ca. 2 cm unterhalb des Topfrandes mit einem Pinsel wenig Öl rundherum, dann steigt das Wasser nur bis zu dieser Ölgrenze auf.
➤ **Nudeln quellen nach dem Garen nicht mehr weiter?** – Stimmt. Wenn Sie die Nudeln vorkochen und die Nudeln auch nach Stunden noch al dente sein sollen, dann müssen Sie etwas Öl in das Kochwasser geben.

✗ **Achtung!** Ein Löffel Öl schlägt sich mit rund 100 Kalorien zu Buche. Leider bleibt das Öl zur Gänze an den Nudeln kleben und nicht im Kochwasser zurück.

Cremige Nudeln

Geben Sie pro Person zu den gegarten, abgetropften, aber noch warmen Nudeln pro Person 1 EL Naturjogurt oder ½ EL Sauerrahm. Nicht mehr aufkochen, sonst flocken Sauerrahm und Naturjogurt aus.

Polenta

Wie viel Polenta als Beilage und als Hauptspeise?

Als Beilage können Sie 50 g rohe
Polenta pro Person rechnen, als
Hauptspeise rund das Doppelte,
also 100 g.
Gekochte Polenta kann entweder
frisch gegessen oder beliebig
weiterverarbeitet werden. Zur
Weiterverarbeitung die Polenta
auf ein nasses, mit Frischhaltefolie
oder Dauerbackfolie ausgekleide-
tes Backblech schütten und gleichmäßig dick verstreichen. Auskühlen lassen, am besten über Nacht.

Polenta Grundrezept *1 Portion als Beilage*

Grundrezeptur

1 Teil Polenta auf 3 bis 7 Teile Wasser,
dazu Gewürze, z. B. Salz und Muskat,
und pro Person ein paar Tropfen
Olivenöl

Pro Portion als Beilage

1 TL Olivenöl (5 g)
Salz, Pfeffer, Muskat
150–350 ml Gemüsebrühe oder
Wasser
50 g Polenta

Olivenöl, Wasser und Gewürze in einen Topf
geben, aufkochen lassen.
Sobald die Flüssigkeit kocht, das Salz und die
Polenta in einem feinen Strahl rasch einrühren.
Unter Rühren aufkochen lassen.
Richtig cremig wird Polenta, wenn Sie sie bei
kleiner Flamme rund 1 Stunde kochen lassen und
dabei immer wieder umrühren. Dann bildet sich
auch die hervorragende Kruste am Topfboden.

pro Portion

kJ	kcal	Eiweiß (g)	Fett (g)	KH (g)	BE
919	220	4	6	37	3.1

Spätzle

150 g griffiges oder glattes Weizenmehl

➤ 200 g Weizen-Vollkornmehl

1 Ei

Kräutersalz, Muskat, Pfeffer

knapp ¼ l Wasser (knapp 250 g)

Salzwasser

Auf 1 l Wasser 1 TL Salz

Variationen:

Verfeinern und färben Sie den Teig
z. B. mit

Steinpilzpulver (1 EL)

fein gehackten Kräutern (2 EL)

Tomatenmark (2 EL)

passiertem Spinat (5 EL)

Tintenfischtinte (1 EL)

pürierte Rohnen oder Rohnensaft
(5 EL)

Karottensaft (5 EL)

Achtung! Reduzieren Sie jeweils den
Wasseranteil, sonst wird der Teig zu
weich!

➤ ✗ Glutenfreies Mehl verwenden

4 Portionen als Beilage

Alle Zutaten zu einem glatten Teig verrühren.
Zugedeckt ca. 10 Min. bei Zimmertemperatur
rasten lassen.

Spätzle durch ein Spätzlesieb portionsweise in
kochendes Salzwasser drücken. Sobald die
Spätzle schwimmen, mit einem Siebschöpfer herausnehmen und in einem Sieb abtropfen lassen.

✗ **Achtung!** Wenn Sie zu viel Teig auf einmal in
das kochende Wasser drücken, kühlt die Wasser-
temperatur zu sehr ab und die Spätzle werden
nicht gleichmäßig durch.

pro Portion

kJ	kcal	Eiweiß (g)	Fett (g)	KH (g)	BE
1256	300	11	3	56	4.7

Im Bild (von vorne nach hinten):
Natur-, Spinat-, Tomatenspätzle

Gemüse als Beilage

Holen Sie sich Ihren Jungbrunnen: Essen Sie zu jedem Gericht Gemüse und Salat! Nach kurzer Zeit werden Sie die Wirkung spüren. Von einer Leichtigkeit in Ihrem Darm, über bessere Konzentrationsfähigkeit bis hin zu verbesserten Blutdruck- und Blutfettwerten können Sie alles mit Gemüse und Salat beeinflussen. Nutzen Sie dieses Potenzial!

Wie wird Gemüse vitaminschonend zubereitet?

➤ Gemüse mit **kaltem Wasser** waschen, warmes Wasser laugt aus.
➤ Erst **nach dem Waschen schneiden**. Geschnittenes Gemüse innerhalb von 5 Min. weiterverarbeiten oder zudecken und in den Kühlschrank stellen.
➤ Immer **ins Heiße geben**, also heiße Pfanne, heißes Rohr oder heißes Wasser. Hitze verschließt die Poren und „packt" die Vitamine ein.
➤ Erst **nach dem Garen salzen**, Salz laugt aus.
➤ **Zudecken**, das schont den Geschmack und die Vitamine.
➤ **So kurz wie möglich garen**, maximal 10 Min., bis auf sehr harte Gemüsesorten.
➤ **Nicht warm halten.** Beim Warmhalten gehen die Poren wieder auf, Vitamine und Geschmack entweichen. Besser frisch zubereiten.

Wie viel Gemüse als Beilage?

Je mehr, desto besser. Gemüse liefert kaum Kalorien, dafür viele Wirkstoffe, also Vitamine & Co. Mindestens 150 g Gemüse sollten es pro Mahlzeit sein.

Gemüse-Variationen

Ofengemüse

Gemüse beliebig schneiden und mit Gewürzmischung nach Wahl (siehe Seite 140) vermengen. Gewürztes Gemüse in eine gut verschließbare Schüssel geben und über Nacht im Kühlschrank ziehen lassen. **Achtung!** Geben Sie kein Salz zur Gewürzmischung. Salz zieht Wasser und Ihr Gemüse würde trocken.

Das Backrohr auf 170 °C vorheizen. Pro Person ca. 200 g Gemüse auf einem Backblech oder in einer ofenfesten Form verteilen, pro Person 1 TL Olivenöl hinzufügen. Gut vermengen. Mit pro Person 2 EL Wasser angießen, bei 160 °C ca. 25 Min. im Backrohr backen.

Gegrilltes Gemüse

Zubereitung wie Ofengemüse; allerdings wird das Gemüse auf einer Grilltasse verteilt und über Gas, Elektroheizstäben oder Holzkohle gegrillt.

Dampfgemüse

Im Prinzip können Sie jedes Gemüse und jede Gemüsemischung in den Dampfgarer geben. Auf 100 °C einstellen und ca. 5 Min. garen. Achten Sie auf die Zeitangaben in der Garzeitentabelle des Herstellers. **Tipp:** Dämpfen ist die gesündeste Garform.

Gebratenes Pfannengemüse

Geschnittenes Gemüse frisch zubereiten oder über Nacht marinieren, wie beim Ofengemüse beschrieben. Pfanne sehr stark erhitzen, das Gemüse hinzufügen, gut durchrösten. Bei Bedarf ein paar Löffel kochendes Wasser oder Gemüsebrühe hinzufügen und zugedeckt kurz gar ziehen lassen.
Sie können das Pfannengemüse auch binden. Verrühren Sie pro Person 1 gestrichenen TL Maisstärke mit 6 EL kaltem Wasser oder Gemüsebrühe. Zum Gemüse geben und unter Rühren aufkochen.

Gemüse-Gewürz-Einmaleins

Rösten verfeinert das Gewürzaroma. Zum Rösten eignen sich die meisten körnigen Gewürze und Samen, z. B. Kümmel, Fenchel, Anis, Koriander, Kreuzkümmel, Senfkörner. Kräuter können nicht geröstet werden, sie würden verbrennen und bitter schmecken.
Gewürze in eine sehr heiße Pfanne geben und durchrösten, bis sie zu duften beginnen. Dabei immer wieder umrühren bzw. die Pfanne schwingen. **Achtung!** Nicht zu lange rösten. Gewürze verbrennen sehr rasch! Die Gewürze nach dem Rösten sofort aus der Pfanne nehmen, da die Pfanne heiß ist und die Gewürze sonst nachrösten, d. h. verbrennen würden.
Mahlen Sie die Gewürze in einer Gewürz- oder elektrischen Kaffeemühle je nach Wunsch grob oder fein.

Gewürzmischungen für Beilagen

Die Mengenangaben beziehen sich auf getrocknete Kräuter. Anstatt der getrockneten Kräuter können Sie jeweils die dreifache Menge an frisch gehackten Kräutern verwenden. Sie können die Mischungen trocken verwenden oder mit 2 EL Olivenöl vermischen.

Deftig: 1 TL Majoran, 1 TL Paprikapulver, ¼ TL Rosmarin (gemahlen), 1 dünne Scheibe Speck, fein gewürfelt, 2 Zehen Knoblauch, gehackt oder gepresst

Italian: Je 1 TL Oregano, Thymian und Majoran, ½ TL Salbei

Mediterran: ½ TL Rosmarin, 3 Knoblauchzehen, gepresst oder gehackt

Traditionell: 1 EL Liebstöckel , ½ TL Thymian

Feurig: 1 EL grüner Pfeffer aus dem Glas, ½ TL in einer Pfanne ohne Fett gerösteter Kreuzkümmel, 1 TL Worcestersauce

Frisch: Schale und Saft 1 Zitrone, knapp ½ TL geschroteter Pfeffer

Frisch und scharf: Schale und Saft 1 Zitrone, knapp ½ TL geschroteter Pfeffer, 2 Prisen Chilipulver

Asiatisch 1 EL Curry, anrösten

Sojahauch: 3 EL Sojasauce, ½ TL gerösteter, geschroteter Koriander, 1 kleines Stück frisch geriebener Ingwer

Würzig: Je ½ TL Kurkuma, Ingwer und Koriander, je 1 Prise Safranfäden und Zimt, 1 Prise Chili, alle Zutaten in einer Gewürz- oder Kaffeemühle fein mahlen

Errötend: 1 TL Kurkuma, 1 EL Paprikapulver, ½ TL gerösteter Kreuzkümmel, ½ TL gerösteter Koriander, alle Zutaten in einer Gewürz- oder elektrischen Kaffeemühle fein mahlen

Senf-Kokos: 1 EL Estragonsenf, ½ TL geschrotete Senfkörner, 1 TL Curry, 1 EL Kokosflocken, 3 EL Kokosmilch

Ingwer-Kokos: 1 kleines Stück frisch geriebener Ingwer, 5 EL Kokosmilch

Duftig: 3 Zehen Knoblauch, gepresst oder gehackt, 1 EL Oregano, 1 kleine Chilischote, entkernt, gehackt, 1 TL Basilikum

Minzig: 1 EL Minze, Schale und Saft 1 Zitrone, ¼ TL geschroteter Pfeffer

Kümmel-Koriander: 1 EL Kümmel, ¼ TL gerösteter, geschroteter Koriander

Paprika-Knoblauch: 1 EL Paprikapulver, 2 Zehen Knoblauch, gehackt oder gepresst

Oliven: ½ TL geschroteter Pfeffer, 1 Zehe Knoblauch, gehackt oder gepresst, je 1 TL Oregano und Thymian, 4 EL Oliven, gehackt

Gemüse, Kartoffeln, Nudeln & Co.

Bunt essen – gesund essen!

➤ *Aus dem Rohr*
➤ *Aus der Pfanne*
➤ *Risotto*
➤ *Nudelgerichte*
➤ *Knödel & Co.*

Es gilt das Ostereierprinzip: Je bunter das Essen, desto mehr verschiedene Wirk-stoffe stecken im Essen. Versuchen Sie, in jede Mahlzeit mindestens drei Farben hineinzubekommen.

Kartoffel, alle Arten von Getreideprodukten, wie Polenta, Grieß, Nudeln, Gemüse und Hülsenfrüchte, bieten Ihrer Küche ungeahnte kreative Spielräume.

Dampfgaren

Garen im Dampf hat viele Vorteile, es ist nährstoffschonend, farberhaltend und bietet ein besonders saftiges und lockeres Endprodukt.

Wer einmal z. B. seine Knödel in einem Dampfgarer zubereitet hat, für den sind in Wasser gekochte Knödel tabu. Die billigste Variante eines Dampfgarers ist ein herkömmlicher Metall-Dünsteinsatz, der sich jeder Topfgröße anpasst und den Sie für ein paar Euro im Haushaltswarengeschäft erhalten.

Die nächsthöhere Stufe stellen die kleinen mobilen Dampfgargeräte dar, die ab ca. 30 Euro erhältlich sind. Wenn Sie kleine Kinder haben, dann achten Sie bei diesen Geräten auf einen kindersicheren Standplatz. Wer ein Spitzengerät möch-te, der wird um einen „richtigen" Dampfgarer nicht herumkommen. Eingebaut oder frei stehend sind sie heute in modernen Küchen nicht mehr wegzudenken.

Hülsenfrüchte zubereiten

Hülsenfrüchte sind hochwertige Eiweißlieferanten und in dieser Hinsicht ein echter Fleischersatz. Von daher sollten sie gerade bei Menschen, die sich gerne vegetarisch ernähren, auf dem Speiseplan stehen. Zu den bekanntesten Hülsenfrüchten zählen Erbsen, Bohnen, Linsen und Kichererbsen.

➤ Weichen Sie Trocken-Hülsenfrüchte über Nacht in reichlich Wasser ein. Dadurch verkürzt sich die Garzeit.

➤ Essig macht Hülsenfrüchte leichter verdaulich. Mischen Sie pro Portion 1 EL Essig unter. **Achtung!** Wenn Sie rohe Hülsenfrüchte garen möchten, dann fügen Sie den Essig erst nach der Zubereitung hinzu, sonst verlängert sich die Garzeit.

➤ Salzen Sie rohe Hülsenfrüchte erst gegen Ende der Garzeit, da sich sonst, wie bei Essig, die Garzeit verlängert.

➤ Bevorzugen Sie bei Linsen kleine Linsen. Je kleiner die Linse, desto intensiver der Geschmack.

Allround-Gewürze für Körper und Seele

Wussten Sie, dass bestimmte Kräuter anregend, andere wiederum beruhigend wirken?

➤ Anregend sind zum Beispiel Ingwer, Muskat, Curry, Nelken, Pfefferminze, Kardamom, Lorbeer, grüner Pfeffer, Sellerie, Rosmarin, Maggikraut (Liebstöckel) und Thymian.

➤ Beruhigend wirken Gewürze, die vor allem für die Weihnachtsbäckereien verwendet werden, wie zum Beispiel Zimt, Anis oder Fenchel. Aber auch das typische Kartoffelgewürz Majoran, Zitronenmelisse (aus diesem Kraut wird der Melissengeist gewonnen) und Basilikum beruhigen Körper und Geist.

Gerade für die vegetarische Küche eignen sich viele Kräuter und Gewürze, zum Beispiel Anis, Basilikum, Bohnenkraut – vor allem für Bohnengerichte, Minze, Cayennepfeffer, Curry, Dill, Estragon, Fenchelgrün und Fenchelsamen, Nelken, Ingwer, Kardamom, Kerbel, Koriander, Kümmel, Maggikraut, Lorbeerblätter, Majoran, Muskat, Oregano, Paprika, Petersilie, Pfefferkörner, Rosmarin, Safran, Salbei, Schnittlauch, Senfkörner, Thymian, Wacholderbeeren, Zimtrinde und Zitronenschale, Rucola, Brunnen-, Kapuziner-, Gartenkresse, Portulak.

Knusprige Aufläufe aus dem Rohr – Basisrezept

Guss zum Überkrusten

A) ¼ l Milch (250 g), ⅛ l Wasser (125 g), Gewürze und ➤ 50 g Weizen-Vollkornmehl verrühren und unter Rühren aufkochen, 50 g geriebenen Käse untermengen.

B) 1 Becher Sauerrahm (250 g) mit 1 Ei, Gewürzen, ➤ 1 EL Haferkleie (15 g) und 1 EL geriebenem Käse (15 g) vermengen.

C) 200 ml Milch (200 g) mit 1 Ei, Gewürzen, ➤ 1 EL Haferkleie (15 g) und 2 EL geriebenem Käse (30 g) vermengen.

D) ¼ l kochendes Wasser (250 g) mit ½ Suppenwürfel ohne Hefe, Glutamat und glutenfrei verrühren, überkühlen, 3 Eier, ➤ 1 EL Haferkleie (15 g) und ⅛ l Milch (125 g) untermengen, würzen.

E) ¼ l Milch (250 g) mit ➤ 1½ EL Weizen-Vollkornmehl (25 g) verrühren und unter Rühren aufkochen. 1 EL Senf (20 g) und Zitronenschale untermengen.

Zum Vollenden

Frische Kräuter und Gewürze

Beilagentipp: Salat

➤ ✂ Anstatt Weizen-Vollkornmehl und Haferkleie Austauschmehl verwenden

Basis

Verwenden Sie eine oder mehrere der folgenden Zutaten in bereits vorgegarter Form, pro Portion 150–250 g

festkochende Kartoffeln, beliebig schneiden, Reis, Nudeln, Spätzle, Gnocchi, Erbsen, Bohnen oder Linsen, frisch gegart oder aus der Dose, Polenta, Hirse, Kichererbsen, Buchweizen, Knödel, Brot.

Zum Veredeln

Fisch (frisch, gegart, geräuchert oder aus der Dose), Käse, Fleisch, Wurst, kalter Braten, Geflügel, Pilze.

Für den Gesundheitsausgleich

Zwiebel, hacken, evtl. ohne Fett anrösten, Knoblauch, Gemüse, frisch oder gefroren, Sauerkraut, Gewürze.

Eine oder mehrere Basiszutaten, Zutaten zur Veredelung und Zutaten zum Gesundheitsausgleich in eine flache Auflaufform geben, kräftig würzen, mit einem Guss nach Wahl überziehen und im vorgeheizten Rohr bei ca. 180 °C überkrusten.

Mit frischen Kräutern bestreuen.

➤ Auf glutenfreie Zutaten achten

pro Portion

	kJ	kcal	Eiweiß (g)	Fett (g)	KH (g)	BE
Basis A	538	129	7	6	11	0,9
Basis B	618	148	5	12	4	0,3
Basis C	393	94	6	6	4	0,4
Basis D	383	91	6	6	4	0,3
Basis E	274	66	3	3	7	0,6

Knusprige Krusten – Basisrezept *4 Portionen*

50 g flüssige Butter

½ Ei (ein Ei verquirlen und die Hälfte davon verwenden)

➤ 100 g Vollkornbrösel

Kräutersalz

evtl. Knoblauch

4 EL beliebige frische oder Tiefkühl-kräuter, variieren Sie die Kräuter, das verleiht der Kruste jedes Mal einen anderen Geschmack, z. B. Dill, Basilikum, italienische Tiefkühl-Kräuter, Oregano, Majoran, Thymian, Schnitt-knoblauch, Wildkräuter

➤✗ Verwenden Sie glutenfreie Brösel

Alle Zutaten verrühren. 5 Min. ziehen lassen. Nicht länger, sonst werden die Kräuter braun und das Salz zieht Wasser.

Auf fettarmes Fleisch, Gemüse oder Fisch ca. ½ cm dick aufstreichen und im Rohr bei ca. 170 °C überbacken.

pro Portion

kJ	kcal	Eiweiß (g)	Fett (g)	KH (g)	BE
814	195	4	12	19	1,6

> Tipp <

Mit diesen Krusten-Varianten lassen sich alle Arten von Gemüse, Fisch- oder Fleischgerichten „aufpeppen" (siehe Foto S. 101 rechts).

Bröselvariationen

Ersetzen Sie einen Teil der Brösel durch geriebene oder gehackte Haselnüsse, Walnüsse, Pinienkerne, Kürbiskerne, Sonnenblumenkerne, Sesam oder Kokosflocken.

Käsekruste

4 Portionen

50 g geriebener Parmesan oder Bergkäse

➤ 100 g Vollkornbrösel

10 g weiche Butter

Kräutersalz

frische Kräuter

➤✗ Glutenfreie Brösel verwenden

Alle Zutaten vermengen. Die bröselige Masse auf Fleisch, Fisch oder Gemüse geben. Beim Backen wird die Masse knusprig und fest.

Bei 170 °C backen.

pro Portion   ⊗

kJ	kcal	Eiweiß (g)	Fett (g)	KH (g)	BE
688	164	7	7	19	1,6

Zucchini-Cordon bleu *1 Portion*

2 ca. 1 cm dicke Scheiben von einem
großen Zucchini (ca. 13 cm
Durchmesser)

Zum Belegen
Ca. 1 Scheibe würzigen Bergkäse oder
Tilsiter (20 g)
ca. 1 Scheibe Schinken (20 g)

Zum Panieren
➤ Etwas Weizen-Vollkornmehl (5 g)
⅓ Ei, versprudelt
Kräutersalz
➤ Brösel (10 g)

Beilagentipp
Kartoffelpüree und Bittersalat,
z. B. Endiviensalat

➤✂ Austauschmehl und glutenfreie
Brösel verwenden

Zucchinischeiben entkernen.
Käse und Schinken auf eine Zucchinischeibe
legen, mit der zweiten Scheibe abdecken. Nicht
salzen!
In Mehl, gesalzenem Ei und Bröseln an der
Oberseite und an den Seiten panieren. Unterseite
nicht panieren!
Mit der unpanierten Seite auf ein mit Backpapier
ausgelegtes Backblech legen und im vorgeheizten Rohr bei ca. 160 °C backen.

pro Portion

kJ	kcal	Eiweiß (g)	Fett (g)	KH (g)	BE
895	213	16	10	14	1,16

> Tipp <

Der Bittersalat ist der ideale Cholesterinausgleich und verbessert
zusätzlich die Kalziumaufnahme
aus dem Käse.

> Zubereitungstipps <

➤ Am gleichmäßigsten schneiden Sie die Zucchini mit einer Wurstmaschine.

➤ Zucchini nicht salzen, da sie sonst zu viel Flüssigkeit verliert und die Panade aufweicht. Salzen Sie dafür das Ei kräftig.

➤ Panieren Sie nur die Ränder und die Oberseite, sonst klebt die Panade der Unterseite auf dem Blech.

➤ Geben Sie das Cordon bleu immer in das heiße Backrohr. Nur so können sich die Poren verschließen und die Vitamine besser erhalten bleiben. Ein lauwarmes oder gar kaltes Rohr öffnet die Poren der Zucchini und beschleunigt so den Vitaminverlust.

➤ Erhitzen Sie das Backrohr auf max. 160 °C, so gibt es keine Probleme mit dem krebserregenden Acrylamid, das bei sehr hohen Temperaturen in den Bröseln entstehen kann.

Kartoffelschober mit Sauerkraut *4 Portionen*

Kartoffelschober

1 kg festkochende Kartoffeln, roh,
ungeschält, fein reiben
500 g Kartoffeln, gekocht, reiben
100 g Schinken, würfeln
Kräutersalz, Kümmel, Pfeffer,
Knoblauch, Majoran

2 EL Olivenöl (20 g)
20 g Butter

1 Bund Schnittlauch zum Bestreuen

Sauerkraut
1 kg Sauerkraut, Wacholder, Kümmel

Beilagentipp
Salat

Kartoffelschober

Alle Zutaten vermengen. Ein Backblech mit
Backfolie auslegen und die Kartoffelmasse
messerrückendick darauf drücken.
Mit Olivenöl beträufeln und mit Butterflöckchen
belegen. Sofort in das auf 160 °C vorgeheizte
Rohr schieben, sonst werden die Kartoffeln
braun. Knusprig backen.

✗ **Achtung!** Backrohr auf max. 160 °C ein-
schalten. Bei höheren Temperaturen kann das
krebserregende Acrylamid entstehen.

Mit viel frischem Schnittlauch bestreuen.

Sauerkraut
Sauerkraut und Gewürze im Kochtopf erhitzen
und je nach Geschmack 5–30 Min. weich kochen.

pro Portion ⊠

kJ	kcal	Eiweiß (g)	Fett (g)	KH (g)	BE
1710	408	15	11	57	4,8

Hülsenfrüchte-Gratin *4 große Portionen*

vegetarisch!

800 g Gemüse, frisch oder gefroren
Kräuter der Provence, Kräutersalz,
Knoblauch, Kümmel
ca. 800 g Erbsen, Bohnen oder Linsen,
frisch gekocht oder aus der Dose
4 EL naturtrüber Apfelessig (40 g)

Guss
2 Eier
Kräuter der Provence, Kräutersalz,
Muskat
400 ml Milch (400 g)

120 g Käse, reiben

beliebige frische Kräuter

Beilagentipp
Salat

Gemüse in eine flache Auflaufform geben.
Kräftig würzen. Bohnen darüber verteilen.
Mit dem Guss überziehen und mit Käse
bestreuen.

Im auf 170 °C vorgeheizten Backrohr knusprig
backen.

Mit frischen Kräutern bestreuen.

Guss
Alle Zutaten verrühren.

pro Portion

kJ	kcal	Eiweiß (g)	Fett (g)	KH (g)	BE
1632	389	29	16	30	2,5

Pizzateig – Basisrezept

Vollkorn-Pizzateig

Pro Person 100 g Weizen-Vollkornmehl oder Austauschmehl, 1 EL Olivenöl,
1 große Prise Salz, ca. 60 ml lauwarmes Wasser, ⅛ Würfel frische Hefe.
Alle Zutaten in eine Schüssel geben. Gut durchkneten. Der Teig soll seidig glänzen.
Den Teig zu einer Kugel formen und zugedeckt, am besten in einer Germteig-
schüssel, 30 Min. rasten lassen. So dünn wie möglich ausrollen oder ausziehen,
der Rand darf dabei etwas dicker sein. Belegen und sofort backen.

Herkömmlicher Pizzateig

wird aus Mehl, Öl, Wasser, Salz und Hefe hergestellt. Für 4–5 Portionen nimmt
man 400 g Mehl, 3 EL Öl, 1 gehäufter TL Salz (ca. 9 g) , 20 g frische Hefe, ca.
¼ l lauwarmes Wasser. Alle Zutaten bis auf das Wasser in eine Schüssel geben.
So viel Wasser untermengen, bis ein gut knet- und formbarer Teig entsteht. Teig

Schnellpizza aus Topfenteig (siehe Seite 152)

kräftig durchkneten und zugedeckt an einem warmen Ort so lange stehen lassen, bis sich das Teigvolumen fast verdoppelt hat. Kurz zusammenkneten, in 4–5 Stücke teilen, rund ausrollen und belegen. Oder ganz lassen, viereckig in Backblechgröße ausrollen und belegen.

Polentapizza

Groben Maisgrieß im Verhältnis 1 Teil Polenta, 3–4 Teile Wasser garen. Auf ein Pizzablech streichen und über Nacht zugedeckt auskühlen lassen. Belegen mit Belagvariationen nach Wahl (siehe Seite 154). Bei 170 °C im Backrohr backen. Pro Person reichen 90 g Polenta gekocht in 360 g Wasser.

> Schritt für Schritt zur knusprigen Pizza <

➤ Heizen Sie den Pizzaofen oder das Backrohr auf Pizzastufe, bzw. wenn Sie keine Pizzastufe haben, auf 200 °C vor. Geben Sie das Pizza-Backblech mit in das Backrohr, damit es heiß wird. Je heißer das Backblech, desto knuspriger die Pizza!

➤ Legen Sie den ausgerollten Pizzateig auf ein mit Backpapier ausgelegtes kaltes Backblech. Erst nach dem Belegen mithilfe des Backpapiers auf das heiße Blech schieben. Sonst kühlt das Blech während des Belegens zu sehr aus.

➤ Bestreuen Sie den Pizzateig mit gehacktem Knoblauch.

➤ Streuen Sie die Gewürze über den Knoblauch.

Tipp: Gewürze immer unter oder auf die Tomatensauce streuen, nicht auf die fertig belegte Pizza, sonst verbrennen die Gewürze und der Geschmack geht verloren bzw. wird bitter.

➤ Verteilen Sie die Tomatensauce oder frisch gehackte Tomaten darüber.

➤ Mit Käse bedecken. Als Pizzakäse wird in Italien Mozzarella bevorzugt.

➤ Mit den restlichen Zutaten belegen.

➤ Schieben Sie die Pizza in das vorgeheizte Backrohr auf die unterste Schiene.

Tipp: Bei manchen Backöfen ist ein spezieller Pizza-Backstein dabei. Wenn Sie öfter Pizza backen, lohnt sich die Anschaffung eines Pizzaofens. Kosten ab ca. 50 Euro.

➤ Frische Kräuter, z. B. Basilikum oder Rucola, streuen Sie am besten erst nach dem Backen auf die Pizza.

➤ Wenn Sie tiefgekühlte Lebensmittel verwenden, z. B. Tiefkühlgemüse, Tiefkühlpilze oder tiefgekühlte Meeresfrüchte, dann drücken Sie den Saft nach dem Auftauen aus, sonst weicht der Pizzateig auf. Auch Eingelegtes wie Meeresfrüchte oder Gemüse, z. B. Pfefferoni oder Artischocken, ebenfalls ausdrücken.

Pizza – Schnellrezept aus Topfenteig *4 Portionen*

Teig

➤ 250 g Weizen-Vollkornmehl

1 Pkg. Magertopfen (250 g)
60 g Olivenöl
60 g Wasser
1 gestrichener TL Kräutersalz (ca. 5 g)
1 Packung Weinsteinbackpulver

Tomatensauce

1 Dose gewürfelte Tomaten (400 g)
ca. 8 Zehen Knoblauch
Pizzagewürz oder Oregano, Basilikum,
Rosmarin, Salbei und Pfeffer
Kräutersalz

Belag

120 g Käse, fein reiben
300 g Gemüse
frisch, z. B. Zucchini und Paprika **oder**
frisch und halbweich gedünstet **oder**
aufgetaut, abgetropft und Flüssigkeit
ausgedrückt, sonst weicht der Teig auf
120 g Schinken, in dünne Scheiben
schneiden
8 Stück Pfefferoni (250 g), Flüssigkeit
ausgedrückt
Kräutersalz

Beilagentipp

Bittersalat, z. B. Endivien, Radicchio,
Zuckerhut, Chicorée

➤  Austauschmehl verwenden

Teig

Alle Zutaten verkneten. In vier Teile teilen und
ausrollen oder den gesamten Teig rechteckig
ausrollen und auf ein Blech geben. Der Teig sollte
an den Rändern etwas dicker sein.

Tomatensauce

Alle Zutaten vermengen. Kräftig würzen!

Mit Tomatensauce bestreichen und mit Käse,
Gemüse, Schinken und Pfefferoni belegen.

Im vorgeheizten Rohr auf der untersten Schiene
oder im Pizzaofen backen.

pro Portion

kJ	kcal	Eiweiß (g)	Fett (g)	KH (g)	BE
2510	599	35	27	53	4,4

> Teig ausrollen ohne Mehl <

Rollen Sie den Teig zwischen zwei Dauerbackfolien aus. Sie
benötigen kein zusätzliches Mehl, der Teig klebt nicht an. Sie
können den Teig mit dem unteren Papier gleich auf das Blech
geben.

Pizza aus Kartoffelteig *4 Portionen*

Teig

300 g mehlige Kartoffeln vom Vortag,
sehr fein reiben
➤ 230 g Weizen-Vollkornmehl
➤ 50 g Weizengrieß
½ Würfel frische Hefe (ca. 20 g)
ca. 150 ml lauwarmes Wasser
1 EL Rapsöl (10 g)
1 gestrichener TL Kräutersalz (ca. 6 g)
Pizzagewürz

Belag

Siehe Pizzabeläge Seite 154

Beilagentipp

Bittersalat, z. B. Endivien, Radicchio,
Zuckerhut, Chicorée

➤ ✕ Anstatt Weizen-Vollkornmehl
   Austauschmehl und anstatt
   Weizengrieß glutenfreier Grieß

Teig

Alle Zutaten der Reihe nach in eine Schüssel
geben und **rasch** verkneten. Zu langes Kneten
macht den Teig zäh. Der Teig ist eher weich.
Zugedeckt an einem warmen Ort so lange gehen
lassen, bis sich das Teigvolumen um mindestens
die Hälfte vergrößert hat.

Den Teig zwischen zwei Dauerbackfolien
ausrollen. Eine Folie abziehen. Den Teig mit der
zweiten Folie auf ein kaltes Blech ziehen.

Beliebig belegen.
Die belegte Pizza auf ein vorgeheiztes Blech
schieben und sofort in das Backrohr stellen. Nur
so bildet sich eine knusprige Kruste am Boden.

Im vorgeheizten Rohr auf der untersten Schiene
bei ca. 200 °C ca. 25 Min. oder im Pizzaofen
ca. 10 Min. backen

pro Portion ohne Belag ⊗

kJ	kcal	Eiweiß (g)	Fett (g)	KH (g)	BE
1243	298	10	4	55	5.7

Pizzabeläge in allen Variationen

Al formaggio   Tomaten, vier verschiedene Käsesorten
Alla romana   Käse, Anchovis, Basilikum, Parmesan
Alla verdura   Zucchini, Paprika und frische Tomaten, Käse
Bolognese   Tomaten, Käse, Sugo mit Faschiertem
Capricciosa   Tomaten, Käse, Schinken, Champignons, Oliven,
                          Artischocken
Con patate   Tomaten, Käse, gekochte Kartoffeln
Diavolo   Tomaten, Käse, Salami, Pfefferoni
Fantasia   Werfen Sie einen Blick in Ihren Kühlschrank, belegen
                          Sie jedes Pizzaachtel mit einer anderen Zutat
Frutti die mare   Tomaten, ausgedrückte Meeresfrüchte, Käse
Gorgonzola   Tomaten, Käse, Gorgonzola
Spinat   Tomaten, Mozzarella, getrocknete Tomaten, Spinat,
                          Ricotta, geröstete Pinienkerne
Margherita   Knoblauch, Basilikum, Tomaten, Käse
Marinara   Knoblauch, Tomaten, Oregano
Prosciutto   Oregano, Tomaten, Käse, Schinken
Prosciutto e funghi   Tomaten, Mozzarella, Schinken, Champignons
Siciliana   Tomaten, Käse, Salami, Sardellen, Pfefferoni, Kapern
Spinaci e gorgonzola Tomaten, Käse, Spinat, Gorgonzola
Tonno   Thunfisch, Zwiebeln, Tomaten, Mais, Käse
Venezia   Tomaten, Käse, Salami, Thunfisch, Champignons
Vier Jahreszeiten   4 verschiedene Beläge mit Käse und Tomaten,
                          z. B. Meeresfrüchte mit Oliven, Sardellen mit
                          Tomaten, Artischocken mit Schinken, Champignons
                          mit Schinken, verschiedene Gemüsesorten mit Schin-
                          ken, Spargel, Knoblauch, verschiedene Käsesorten
Schinken-Rucola   Tomaten, Mozzarella, Schinken, Rucola erst nach
                          dem Backen auf die Pizza geben

Paprika-Toast

vegetarisch!

4 Portionen

1 EL Olivenöl (10 g)
je 2 rote, gelbe und grüne Paprikaschoten (1 kg), in Streifen schneiden
ca. 8 Zehen Knoblauch

➤ 8 Scheiben Vollkorn-Toastbrot (200 g)

100 g würziger Käse, reiben

Gewürztipp
Basilikum, Thymian, Majoran, Kräutersalz, Pfeffer

Beilagentipp
Salat

➤ ✗ Austauschbrot verwenden

Paprikastreifen in Öl anrösten, Knoblauch und
Gewürze mitrösten. Evtl. mit einem Schuss
Wasser aufgießen.

In der Zwischenzeit das Toastbrot in einem
Toaster oder im Backrohr vortoasten.

Toastbrot mit Paprikastreifen belegen und mit
Käse bestreuen. Kurz im Toaster oder Backrohr
gratinieren.

pro Portion ⊗

kJ	kcal	Eiweiß (g)	Fett (g)	KH (g)	BE
1285	305	15	13	32	2,7

Würziges aus der Pfanne – Basisrezept

Zum Braten
1 EL Rapsöl (10 g)

Basis
Verwenden Sie eine oder mehrere der folgenden Zutaten in bereits vor—gegarter Form, pro Portion 150–250 g festkochende Kartoffeln, beliebig schneiden, Reis
➤ Nudeln, Spätzle, Gnocchi
Erbsen, Bohnen oder Linsen, frisch gegart oder aus der Dose
Polenta, Hirse, Kichererbsen, Buchweizen, Knödel, Brot

Zum Veredeln
Fisch (frisch, gegart, geräuchert oder aus der Dose), Käse, Fleisch, Wurst, kalter Braten, Geflügel, Pilze

Für den Gesundheitsausgleich
Zwiebel, hacken, evtl. ohne Fett anrös-ten, Knoblauch, Gemüse, frisch oder gefroren, Sauerkraut, Gewürze

Zum Vollenden
Naturjogurt oder Sauerrahm
Reibkäse, Gewürze, Kräuter, wenn möglich, frisch

Beilagentipp: Salat

➤ ✂ Auf glutenfreie Zutaten achten

1 EL Öl in der Pfanne erhitzen.
„Basis" hinzufügen und gut durchrösten.
„Veredelungszutaten" und „Zutaten für den Gesundheitsausgleich" untermengen, gut durch-rösten und kräftig würzen.

Entweder pur essen oder Naturjogurt oder Sauerrahm untermengen und mit Reibkäse und vielen frischen Kräutern bestreuen.

> **> Kühlschrankaufräumer <**

Ihr Kühlschrank ist voller „Reste"? Dann gibt es Köstliches aus der Pfanne oder aus dem Backrohr (siehe S. 144)! Diese bei-den Basis-Rezepte bieten unzählige köstliche Varianten.

Brezensuppe

4 Portionen

➤ 6 Kornspitz, Vollkornbrezen oder
   Brezen in Scheiben schneiden oder
   Vollkorn-Toast würfeln

➤ 2 EL Haferkleie

150 g Alm- oder Bergkäse, reiben

¼ l Gemüsebrühe

evtl. kochend heißes Wasser

25 g Butter, bräunen

Zum Bestreuen

Viel! Schnittlauch, hacken

Beilagentipp

Bittersalat, z. B. Radicchio, Zuckerhut,
Löwenzahn oder Endivien, Rettichsalat

➤ Glutenfreies Brot und
   Austauschmehl verwenden,
   Haferkleie weglassen

Kornspitz oder Brezen, Haferkleie und Käse
abwechselnd in eine ofenfeste Form schlichten
(wie Lasagne). Mit kochend heißer Gemüsebrühe
und brauner Butter übergießen. Mit viel Schnittlauch bestreuen.

pro Portion

kJ	kcal	Eiweiß (g)	Fett (g)	KH (g)	BE
1992	473	20	22	49	4,06

> Schon gewusst? <

Schnittlauch ist mit dem Knoblauch verwandt und teilt einen Teil der gesunden Eigenschaften. Butter und
Käse „knabbern" die Gefäße an, Schnittlauch wirkt dagegen. Zudem strotzt Schnittlauch nur so vor Wirk-
stoffen, wie z. B. Vitaminen. Wenn Sie die Gelegenheit haben, dann holen Sie sich Jochschnittlauch vom
Berg. Der schmeckt nicht nur unvergleichlich gut, sondern trägt Gesundheitspower pur.

Pikantes Maiskoch

vegetarisch!

4 Portionen

1 EL Rapsöl (10 g)
1½ l Milch (1500 g)
160 g Maismehl
Kräutersalz, Muskat

Zum Ausfertigen

80 g Käse, in Würfel schneiden
1 Bund Schnittlauch

Beilagentipp

Salat

Öl in einer Pfanne mit hohem Rand erhitzen.
Milch hinzufügen und aufkochen.
Maismehl kräftig einrühren.
Leicht köcheln lassen, dabei immer wieder umrühren. Es bildet sich am Boden eine wohlschmeckende Kruste, die in Tirol „Prinze" genannt wird.

Vom Herd nehmen, Käse untermengen und mit viel Schnittlauch bestreuen.

> Schon gewusst? <

Früher hat man das Koch in Kupferpfannen auf einem Holzherd über offenem Feuer zubereitet. Dadurch konnte sich rundherum die begehrte „Prinze" bilden.

pro Portion

kJ	kcal	Eiweiß (g)	Fett (g)	KH (g)	BE
1969	469	22	23	44	3,7

Kürbislaibchen mit Kräuter-Jogurtsauce

vegetarisch!

4 Portionen, 16 Laibchen

600 g Kürbis, raspeln
400 g festkochende Kartoffeln,
gekocht, reiben
2 Eier
➤ 4 EL Weizen-Vollkornmehl (60 g)
50 g Käse, reiben

2 EL Rapsöl zum Braten (20 g)

Gewürztipp
Rosmarin, Thymian, Paprika, Kümmel,
Knoblauch, Kräutersalz

Kräuter-Jogurtsauce
1½ Becher Naturjogurt (375 g)
Kräuter, Knoblauch, Senf, Kräutersalz,
1 Schuss Essig

Beilagentipp
Salat

➤ ✗ Austauschmehl verwenden

Alle Zutaten vermengen.

Aus dem weichen Teig mit einem Löffel Häufchen
herausstechen und in heißes Öl geben. Mit einer
nassen Pfannenschaufel oder einem Löffel flach
drücken.
Zugedeckt auf einer Seite knusprig braten, umdrehen und ohne Deckel fertig braten.

✗ **Achtung!** Wenn Sie die zweite Seite mit
Deckel braten, weicht die Kruste der knusprigen
Seite wieder auf.

Mit frischen Kräutern bestreuen.

Kräuter-Jogurtsauce
Alle Zutaten vermengen.

pro Portion

kJ	kcal	Eiweiß (g)	Fett (g)	KH (g)	BE
1490	357	17	16	36	3

Herzhafte Palatschinken-Variationen *4 Portionen*

4 dicke oder 6 dünne Palatschinken

Teig
200 ml Milch (200 g)
➤ 5 leicht gehäufte EL Weizen-
   Vollkornmehl (75 g)
3 EL Mineralwasser (21 g)
Kräutersalz, 1 Ei

Zum Palatschinken backen
2 EL Rapsöl (20 g)

Lauchfülle
1 Stange Lauch (700 g), fein ringelig
schneiden
1 Scheibe Speck (15 g), in Würfel hacken
½ Pkg. Magertopfen (125 g)
1 Ei
Kräuter der Provence, Kräutersalz

Guss
¼ l Milch (250 g)
1 Ei
50 g geriebener Bergkäse oder
Parmesan
Kräutersalz, Pfeffer, Muskat

Beilagentipp
Salat, Kartoffeln

➤✕ Austauschmehl verwenden

Teig
Milch, Mehl, Mineralwasser und Salz glatt rühren.

Ei **locker** untermengen. Je kürzer Sie rühren, desto flaumiger werden die Palatschinken.

Dünne Palatschinken in heißem Öl backen.

Lauchfülle
Die gesamte Lauchstange, d. h. Weißes und Grünes fein nudelig schneiden. Geht am schnellsten mit einem Gemüsehobel. Mit dem Speck anrösten. Vom Herd nehmen und die restlichen Zutaten untermengen.

Etwas Fülle auf die Mitte der Palatschinken geben und einrollen. Die Palatschinken nebeneinander in eine ofenfeste Form schlichten.

Guss
Alle Zutaten verrühren, über die gefüllten Palatschinken gießen.

Bei 170 °C goldbraun backen.

pro Portion

kJ	kcal	Eiweiß (g)	Fett (g)	KH (g)	BE
1388	332	22	17	22	1.8

> Fettspar-Tipp <

Anstatt Öl in die Pfanne zu gießen, können Sie die Pfanne mit einem in Öl getränkten Küchenrollentuch immer wieder auswischen.

Palatschinken-Variationen

vegetarisch!
je nach Variante

Pizza-Palatschinken

Für die Füllung 6 in Würfel geschnittene Fleischtomaten, 6 Scheiben in Streifen geschnittenen Schinken, 2 in Würfel geschnittene Kugeln Mozzarella, Basilikum und 1–2 EL Pizzakräuter vermengen und in die Palatschinken füllen. Mit Guss überziehen und backen.

Spinat-Palatschinken

Anstatt Lauchfülle 600 g Blattspinat, 1 große Fleischtomate würfeln, 150 g Schafskäse in Würfel schneiden, Knoblauch, Kräutersalz, Pfeffer, Muskat. Mit Guss überziehen und backen.

Sauerkraut-Palatschinken

Für die Füllung 500 g Sauerkraut, Petersilie, Kümmel und ½ Packung Magertopfen (125 g) vermengen und in die Palatschinken füllen. Mit Guss überziehen und backen.

Melanzani-Palatschinken

Für die Füllung 700 g Melanzani in kleine Würfel schneiden, 2 EL Italienische Kräuter, Kräutersalz, Knoblauch, 1 Kugel Mozzarella, 2 Fleischtomaten hacken, vermengen und in die Palatschinken füllen.
Für den Guss anstatt ¼ l Milch nur ⅛ l verwenden, da die Melanzani Flüssigkeit abgeben. Mit Guss überziehen und backen.

Brot-Schmarren *4 Portionen*

➤ 20 Scheiben Vollkorn-Toastbrot
(500 g), 1 EL Haferkleie (15 g)

Eiermilch
2 Eier
¼ l Milch (250 g)
¼ l Mineralwasser (250 g)
Kräutersalz, Pfeffer, Muskat

Zum Braten
1 EL Olivenöl (10 g)
1 EL hochwertige Butter (15 g)
1 Zwiebel (100 g), hacken
Kräutersalz, Pfeffer, Majoran, Kümmel

Zum Bestreuen
100 g Käse, reiben
1 Bund Schnittlauch

Beilagentipp
Bittersalat, z. B. Endivien, Radicchio,
Zuckerhut, Chicorée, Löwenzahnblätter

Brot mit der Hand zerbröckeln, Haferkleie untermengen und mit der Eiermilch übergießen.
Ca. 15 Min. ziehen lassen (auch über Nacht möglich).

Zwiebel in einer Pfanne rösten. Eingeweichtes Brot mitrösten, würzen.

Mit Käse und viel Schnittlauch bestreuen.

Eiermilch
Alle Zutaten verrühren.

pro Portion

kJ	kcal	Eiweiß (g)	Fett (g)	KH (g)	BE
2302	546	24	23	61	5,1

➤ Austauschbrot verwenden, Haferkleie weglassen

Tortilla – Grundrezept 1 Portion

Grundrezept Eiermilch

2 Eier

8 EL Milch (50 g)

Kräutersalz

beliebige Kräuter oder Gewürze

➤ 1 EL Haferkleie zum Bestreuen
(15 g)

1 EL Olivenöl zum Braten (10 g)

frische Kräuter zum Bestreuen, z. B. Rucola, Schnittlauch, Kresse, Petersilie, Koriandergrün

Beilagentipp

Bittersalat, z. B. Zuckerhut, Radicchio, Brüssler Spitzen, Vollkornbrot

➤  Haferkleie weglassen

Grundrezept Eiermilch

Alle Zutaten verrühren. Öl erhitzen und die dickflüssige Eiermilch eingießen. Haferkleie darüberstreuen. Zugedeckt auf kleiner Flamme ca. 5 Min. gar ziehen lassen. Mit frisch gehackten Kräutern bestreuen. Sofort servieren.

pro Portion Grundrezept ohne Varianten

kJ	kcal	Eiweiß (g)	Fett (g)	KH (g)	BE
1363	325	17	24	11	0.90

Tortilla-Varianten (je 1 große Portion)

Tortilla mit Mischgemüse und Käse: 250 g Tiefkühl-Mischgemüse, Oregano, Majoran, 30 g Bergkäse, Petersilie zum Bestreuen
Tiefkühlgemüse mit den Gewürzen in 5 EL kochendem Wasser zugedeckt dünsten. Käse reiben und über das Gemüse streuen. Haferkleie darüberstreuen. Mit Eiermilch übergießen. Weitere Zubereitung siehe Grundrezept.

Tortilla mit Rohnen: 250 g vorgekochte Rohnen, Kümmel, Kren, Schnittlauch zum Bestreuen
Rohnen in Würfel schneiden. In 5 EL kochendem Wasser erhitzen. Kümmel hinzufügen. Haferkleie darüberstreuen. Mit Eiermilch übergießen. Weitere Zubereitung siehe Grundrezept.

Tortilla mit Zucchini: 1 kleine Zucchini, 1 Fleischtomate, 2 Zehen Knoblauch, Basilikum zum Bestreuen
Zucchini in Scheiben schneiden, Tomate achteln, Knoblauch hacken. Alles anrösten. Haferkleie darüberstreuen. Mit Eiermilch übergießen. Weitere Zubereitung siehe Grundrezept.

Tortilla mit Räucherlachs: ½ Stange Lauch, 100 g Räucherlachs, Rucola zum Bestreuen
Lauch in Ringe schneiden, anrösten. Lachs in Stücke schneiden und hinzufügen. Nicht mehr rösten. Haferkleie darüberstreuen. Mit Eiermilch übergießen. Weitere Zubereitung siehe Grundrezept.

Tortilla mit Kürbis und Blauschimmelkäse: 200 g Kürbis, 30 g Blauschimmelkäse, Kresse zum Bestreuen
Den Kürbis würfeln und anrösten. Blauschimmelkäse ebenfalls würfeln und auf den Kürbis streuen. Haferkleie darüberstreuen. Mit Eiermilch übergießen. Weitere Zubereitung siehe Grundrezept.

Tortilla mit Blumenkohl und Broccoli: 100 g Blumenkohl, 150 g Broccoli, Schnittlauch zum Bestreuen
Blumenkohl und Broccoli in kleine Röschen teilen. 5 EL Wasser erhitzen und die Röschen darin zugedeckt knackig dünsten. Haferkleie darüberstreuen. Mit Eiermilch übergießen. Weitere Zubereitung siehe Grundrezept.

Tortilla mit Champignons: 8 Champignons, 1 kleine Zwiebel, 1 Zehe Knoblauch, Schnittlauch zum Bestreuen

Champignons vierteln. Öl in einer Pfanne erhitzen und die Champignons anbraten. Nicht salzen, sonst verlieren die Champignons Wasser. Zwiebel hacken und mitrösten. Haferkleie darüberstreuen. Mit Eiermilch übergießen. Auf kleine Flamme zurückschalten und zugedeckt gar ziehen lassen. Mit frisch gehackten Kräutern bestreuen.

Tortilla mit Paprika: 1 kleine Zwiebel, 1 Zehe Knoblauch, 1 rote Paprikaschote, 1 TL Paprikapulver, 1 EL Oliven, Schnittlauch zum Bestreuen

Gehackte Zwiebel anrösten, Knoblauch hacken, Paprika in Würfel schneiden und kurz mitschwitzen. Nicht zu lange, sonst wird der Knoblauch bitter. Restliche Zutaten hinzufügen. Haferkleie darüberstreuen. Mit Eiermilch übergießen. Weitere Zubereitung siehe Grundrezept.

Tortilla mit Bohnen, Sardellen und Zucchini: 1 kleine Zucchini, Thymianzweig, 2 Sardellen, 50 g rote oder weiße Bohnen, gegart, Schnittlauch zum Bestreuen

Zucchini in Scheiben schneiden und mit dem Thymian anrösten. Sardellen hacken und mit den Bohnen untermischen. Haferkleie darüberstreuen. Mit Eiermilch übergießen. Weitere Zubereitung siehe Grundrezept.

Tortilla mit Stangensellerie und Tomate: 1–2 Stangen vom Stangensellerie (250 g), 1 Fleischtomate (100 g), 1 EL Basilikumpesto (20 g), 1 Salbeiblatt, Basilikum zum Bestreuen

Stangensellerie in ca. 2 mm dicke Scheiben schneiden, Tomate würfeln. Beides anrösten. Pesto und fein gehacktes Salbeiblatt hinzufügen. Haferkleie darüberstreuen. Mit Eiermilch übergießen. Weitere Zubereitung siehe Grundrezept.

Tortilla mit Sellerie, Karotten und Walnüssen: 100 g Sellerieknolle, 1 kleine Karotte, 2 EL geröstete, gehackte Walnüsse oder andere Nüsse, Petersilie zum Bestreuen

Sellerieknolle und Karotte in feine Würfel oder Streifen schneiden, anrösten. Mit 5 EL Wasser ablöschen und zugedeckt kurz dünsten lassen. Haferkleie darüberstreuen. Mit Eiermilch übergießen. Weitere Zubereitung siehe Grundrezept. Kurz vor Garende die Walnüsse darüberstreuen.

Kiachl / Bauernkrapfen *18 kleine Stück oder 12 große*

vegetarisch

Germteig

➤ 500 g glattes Weizenmehl

1 Ei

1 Prise Salz

evtl. 1 TL Butter

3 EL Schnaps

ca. ¼ l lauwarme Milch

½ Würfel frische Hefe

Zum Herausbacken

Rapsöl

2 EL Butterschmalz für den Geschmack

Beilagentipp

Gerstensuppe als Vorspeise, Preiselbeermarmelade oder Sauerkraut als Beilage

➤ Austauschmehl verwenden

Alle Zutaten in eine Schüssel geben und so lange kneten, bis der Teig Blasen wirft. Zugedeckt rasten lassen. Das Teigvolumen soll sich fast verdoppeln.

Mit einem Esslöffel Häufchen aus dem Teig ausstechen und zu runden Kugeln formen. Die Kugeln auf ein bemehltes Backbrett legen. Mit einem Geschirrtuch zudecken und an einem warmen Ort mindestens 10 Min. gehen lassen. Das Volumen der Teighäufchen soll sich verdoppeln.

Reichlich Öl mit dem Butterschmalz in einem Topf – am besten Wok – erhitzen. So viel Öl hineinge-ben, dass die Kiachln schwimmen!

Die Teighäufchen in der Mitte auseinanderzie-hen, sodass der Teig in der Mitte sehr dünn ist; die Ränder sollen dick sein.

Mit der Oberseite nach unten in das Fett geben. Während des Backens mit einem Löffel etwas Fett über die Kiachl gießen. Umdrehen und die Kiachl fertig backen.

Die Kiachl mit einem Siebschöpfer aus dem Fett heben und auf Küchenpapier abtropfen lassen.

18 Stück/pro Stück

kJ	kcal	Eiweiß (g)	Fett (g)	KH (g)	BE
460	110	4	1	20	1.7

Ohne Backfett berechnet!

> Kleines Kiachl-Einmaleins <

Fettsparend Backen

➤ Alkohol in den Teig geben. Alkohol bewirkt eine Spannung von innen und das Fett kann nicht so gut eindringen.

➤ Auch wenn es widersinnig klingt: Reichlich Öl-Butterschmalz-Gemisch in die Pfanne geben. Ist zu wenig Fett in der Pfanne, kühlt das Fett beim Einlegen der Kiachl zu sehr ab und die Kiachl saugen sehr viel Fett.

➤ Woran erkennen Sie, ob das Ausbackfett heiß genug ist? Legen Sie einen Holz-Zahnstocher oder einen Holzspieß in das Fett. Sobald Bläschen rund um den Spieß aufsteigen, ist das Fett heiß genug.

Kiachl mit schönem Rand

Damit sich der klassische weiße Rand an den Kiachln bildet, müssen ein paar Voraussetzungen erfüllt sein.

➤ Der Teig darf nicht zu schwer sein, also sparsam mit Ei, Butter und Gewürzen umgehen.

➤ Der Teig muss lange genug rasten, sonst ist er zu schwer und schwimmt nicht richtig.

➤ Es muss reichlich Fett in der Pfanne sein, damit die Kiachl schwimmen.

Ein Teig, drei verschiedene Gerichte

Aus dem Kiachlteig lassen sich auch Germknödel oder Milchbrot zubereiten.

Germknödel: Die Germteighäufchen nach dem Rasten mit Powidlmarmelade füllen. Zubereitung im Kochtopf: Salzwasser in einem Topf erhitzen. Germknödel auf einen mit Backpapier ausgelegten Dünsteinsatz geben und in den Topf stellen. Zugedeckt 20 Min. dämpfen lassen. Deckel nicht öffnen. Sonst fallen die Germknödel zusammen. Zubereitung im Dampfgarer: Germknödel in einen mit Backpapier ausgelgten gelochten Einsatz geben und bei 100 °C 15 Min. dämpfen. Mit Vanillesauce oder Mohn und Butter servieren.

Milchbrot: Aus dem Germteig einen Brotlaib formen und im Rohr bei 160 °C ca. 30 Min. backen. Garprobe: Stechen Sie mit einem Spieß in den Teig. Bleibt kein Teig mehr kleben, ist das Brot durchgebacken.

Kiachl für die Gesundheit?

Ja! Die Beilage macht´s. Kiachl an sich enthalten keinen nennenswerten Vorteil für die Gesundheit. Aber durch die Beilage kann selbst ein klassischer Kiachl, vorausgesetzt, er trieft nicht vor Fett und Sie essen nicht Massen von Kiachln, als Abwechslung auf dem Speiseplan stehen. Zur perfekten Kiachl-Vorspeise zählt eine Gerstensuppe. Gerste enthält cholesterinbindende β-Glucane. Ähnlich cholesterinbindend wirkt die Preiselbeere. Sauerkraut hat zwar keine cholesterinbindenden Eigenschaften, hilft aber bei der Verdauung von fettreichen Speisen und spendet wertvolle Vitamine.

Moarblattln

4 Portionen

➤ 300 g Weizenmehl, glatt oder
   280 g Weizen-Vollkornmehl
ca. 180 ml Milch oder Wasser
15 g Butter
Salz
1 TL Schnaps

Beilagentipp

Die Blattln können süß oder pikant
gegessen werden, z. B. mit Preiselbeermarmelade, Preiselbeerkompott,
Apfelmus, Apfelkompott,
Quittenkompott oder Sauerkraut

➤  Glutenfreies Mehl verwenden

> **Tipp <**

Der Teig kann nach Belieben mit
Kümmel, Muskat, Pfeffer oder
Vanille gewürzt werden. Nicht zu
viel, sonst wird der Teig zu schwer!
Übrigens: „moar" bedeutet mürbe!

Milch oder Wasser erwärmen und die Butter
darin schmelzen. Das lauwarme Milch- oder
Wasser-Butter-Gemisch mit den restlichen Zutaten
vermischen und so lange kneten, bis ein ge-
schmeidiger, glatter, gut formbarer Teig entsteht.

Den Teig zugedeckt bei Zimmertemperatur ca.
5 Min. rasten lassen.
Teig in 3 Stücke teilen. Jedes Teigstück maximal
2 mm dünn ausrollen.
Mit einem Teigrad Dreiecke oder Vierecke
herausradeln. D. h., zuerst der Breite nach im
Abstand von ca. 10 cm, dann der Länge nach
und zum Schluss evtl. noch diagonal von oben
nach unten radeln.
Blattln in reichlich heißem Butterschmalz-Öl-
Gemisch schwimmend herausbacken.

Die Blattln während des Backens mit heißem Fett
übergießen, am besten mithilfe eines Löffels.
Umdrehen und fertig backen.
Die Blattln mit einem Siebschöpfer herausheben
und sofort auf frisches Küchenpapier legen.

Möglichst frisch genießen.

pro Portion, berechnet ohne Ausbackfett und Mehl zum Ausrollen						⊗
	kJ	kcal	Eiweiß (g)	Fett (g)	KH (g)	BE
Moarblattln mit Milch	1304	311	9	5	55	5.2
Moarblattln mit Wasser	1184	283	8	4	53	5.0
Moarblattln mit Vollkornmehl und Milch	1135	272	10	6	44	4.9
15 g Ausbackfett, d. h. Rapsöl/Butterschmalz-gemisch	551	132	0	15	0	0

Erdäpfelblattln, Topfenblattln

Erdäpfelblattln

4 Portionen

400 g gekochte, mehlige Kartoffeln, ausgekühlt, passiert oder fein gerieben

➤ ca. 250 g Weizenmehl, glatt

Salz

evtl. lauwarme Milch

1 TL Schnaps

Topfenblattln

5 Portionen

500 g Magertopfen, zimmerwarm

➤ 380 g Weizenmehl, glatt

20 g Butter, geschmolzen

1 Ei, zimmerwarm

Salz

1 TL Schnaps

Beilagentipp

Siehe Moarblattln

➤  Glutenfreies Mehl verwenden

Alle Zutaten vermengen. So lange kneten, bis der Teig geschmeidig und glatt ist. Nicht zu lange kneten, sonst wird der Teig zäh.

Weitere Verarbeitung wie bei „Moarblattln" beschrieben.

> Blattln gehen schön auf, wenn <

➤ der Teig nicht zu schwer ist. Schwer wird der Teig durch Ei, Zucker, Fett und zu vielen Gewürzen.

➤ der Teig sehr dünn ausgerollt wird.

➤ das Fett heiß genug ist (siehe Tipps zum fettsparenden Backen Seite 167).

➤ Sie reichlich Fett in die Pfanne geben. Die Blattln müssen in dem Fett schwimmen können.

➤ die Blattln beim Backen mit heißem Fett so lange übergossen werden, bis sich ein „Bauch" mit Hohlraum bildet.

pro Portion, berechnet ohne Ausbackfett und Mehl zum Ausrollen

	kJ	kcal	Eiweiß (g)	Fett (g)	KH (g)	BE
Kartoffelblattln	1177	282	9	0.7	59.0	5.3
Topfenblattln	1554	371	22	5.0	58.0	5.4
15 g Ausbackfett, d. h. Rapsöl/Butterschmalzgemisch	551	132	0	15.0	0.0	0.0

Schnouttling-Topfenblattln *5 Portionen*

25 g frische Hefe

➤ 380 g Weizenmehl, glatt

250 g Magertopfen, zimmerwarm

1 TL Schnaps

25 g Butter, geschmolzen

1 Ei, zimmerwarm

Salz, lauwarme Milch nach Bedarf

Mehl zum Ausrollen

Butterschmalz und Rapsöl zum
Herausbacken

Beilagentipp: siehe Moarblattln

➤ ✕ Glutenfreies Mehl verwenden

Hefe mit den Fingern zerbröseln. Mehl
untermischen. Alle Zutaten zu einem geschmeidi-
gen glatten Teig verkneten. Entweder zugedeckt
bei Zimmertemperatur ca. 15 Min. rasten lassen
oder sofort weiterverarbeiten.

Blattln wie bei „Moarblattln" beschrieben
ausarbeiten oder nach alter Tradition den Teig zu
ca. 5 cm dicken Rollen formen, gut 2 cm breite
Teigstücke abschneiden und jedes Teigstück
maximal 2 mm dünn zu einer Art „Zunge"
ausrollen. Schräg mehrmals mit einem Teigrad
einritzen, aber nicht durchschneiden.

Blattln herausbacken.

pro Portion, berechnet ohne Ausbackfett und Mehl zum Ausrollen

	kJ	kcal	Eiweiß (g)	Fett (g)	KH (g)	BE
Schnouttling	1468	350	16	6	56.3	5.3
15 g Ausbackfett, d. h. Rapsöl/Butter-schmalzgemisch	551	132	0	15	0.0	0.0

> Gesunde Blattln? <

Blattln alleine enthalten kaum Wirkstoffe, der Gesundheitsausgleich
erfolgt durch die Beilagen, z. B. Sauerkraut, Preiselbeeren, Äpfel oder
Quitten. Diese Beilagen erleichtern die Fettverdauung und wirken
cholesterinbindend. Unter der Voraussetzung, dass auf fettsparendes Frittieren geachtet wird (siehe Seite 167), liegt der Kaloriengehalt einer Portion
Blattln, serviert mit einer großen Portion Sauerkraut, bei Moarblattln und Erd-
äpfelblattln unter 500 kcal, bei Topfenblattln und Schnouttling unter 550 kcal.
Übrigens handelt es sich bei den Blattln um altüberlieferte Rezepte meiner Großmutter. Das Rezept für die
„Schnouttling" stammt von der Großmutter meines Mannes.

Risotto milanese

4 Portionen

vegetarisch!

1 große Zwiebel (120 g), hacken
1 EL Raps- oder Olivenöl (10 g)
400 g Vollkorn-Rundkornreis
50 ml Weißwein oder Gemüsebrühe
1 Briefchen Safran
½ l Wasser (500 g)
½ l kräftig gewürzte Gemüsebrühe (500 g)
Kräutersalz

Zum Vollenden

20 g Almbutter
50 g Parmesan oder Alm-Bergkäse

Beilagentipp

Als Cholesterinausgleich essen Sie am besten Bittersalat dazu. Je nach Saison z. B. Löwenzahn, Radicchio, Zuckerhut, Endivien oder Brüssler Spitzen

Zwiebel in sehr wenig Öl leicht anschwitzen, nicht rösten.
Reis kurz mitschwitzen.
Mit Weißwein ablöschen und verdunsten lassen.
Safran untermengen mit kochendem Wasser nach und nach aufgießen.

✗ **Achtung!** Salzen Sie erst gegen Ende der Garzeit, sonst verlängert sich die Garzeit beträchtlich!

Wenn der Reis halb weich ist, mit kochender Gemüsebrühe nach und nach aufgießen. Ist der Reis gar, vom Herd nehmen und Butter und Parmesan untermischen, nicht mehr kochen. Evtl. mit frischen Kräutern bestreuen.

pro Portion ⊗

kJ	kcal	Eiweiß (g)	Fett (g)	KH (g)	BE
2075	495	12	15	//	6,9

> Schon gewusst? <

Rapsöl ist das Olivenöl der Deutschsprachigen. Seine Zusammensetzung entspricht in etwa einem Olivenöl, ist also sehr gesund. Vorteil: Es schmeckt neutral. Wenn Ihnen Olivenöl besser schmeckt, können Sie natürlich auch Olivenöl verwenden. **Achtung!** Die Dosis macht das Gift! Verwenden Sie jedes Öl, auch wenn es noch so gesund ist, nur in Bettlermengen.

Alkohol verdunstet nicht zur Gänze. Ein Restalkohol steckt immer noch im Gericht. Also Vorsicht, wenn Sie das Gericht für Kinder oder Schwangere zubereiten. Auch Gichtpatienten empfehle ich eine alkoholfreie Zubereitung. Anstatt Alkohol bietet sich eine Gemüsebrühe an.

Tipp: Sie können den **Reis im Schnellkochtopf** vorgaren. Den Reis in den Siebeinsatz geben, ungesalzenes Wasser hinzufügen und 1 x aufkochen lassen. Sofort ausdampfen, sonst wird der Reis zu weich.

Krautnudeln

4 Portionen

➤ 320 g Vollkornnudeln, garen

2 dünne Scheiben Karreespeck (20 g), würfeln
1 Zwiebel (100 g), hacken
1 Krautkopf (1 kg), hobeln
Kümmel, Oregano, Thymian
⅛ l Wasser (125 g), kochend heiß
(Wasserkocher)
½ Suppenwürfel ohne Hefe, Glutamat, glutenfrei
Kräutersalz, Pfeffer

Petersilie zum Bestreuen

Beilagentipp
Salat

➤✕ Austauschnudeln verwenden

Zwiebel und Speck ohne Fett anrösten.
Kraut und Gewürze hinzufügen.
Rösten, aufgießen und zugedeckt dünsten lassen.
Nudeln hinzufügen.

Mit frisch gehackter Petersilie bestreuen.

pro Portion

kJ	kcal	Eiweiß (g)	Fett (g)	KH (g)	BE
1593	380	15	4	69	5,8

Chinakohl-Nudelpfanne *4 Portionen*

➤ 300 g Vollkornnudeln, vorkochen

3 Scheiben Bauchspeck, dünn
geschnitten (20 g)
500 g Chinakohl, in Streifen schneiden
Je 1 rote, gelbe und grüne Paprikaschote (500g), in Streifen schneiden
5 Zehen Knoblauch
1 EL Kräuter der Provence
Pfeffer

Zum Vollenden
Kräutersalz
2 EL Kürbiskernöl zum Verfeinern
150 g Käse zum Bestreuen
Schnittlauch

Beilagentipp
Salat

➤✗ Austauschnudeln verwenden

Bauchspeck in einer Pfanne rösten.
Gemüse und Gewürze hinzufügen und zugedeckt
ein paar Minuten schmoren. Immer wieder umrühren.

Nudeln hinzufügen, salzen, mit Kürbiskernöl beträufeln und mit Käse und Schnittlauch bestreuen.

pro Portion

kJ	kcal	Eiweiß (g)	Fett (g)	KH (g)	BE
2224	531	25	20	61	5,1

> Knoblauch pressen oder schälen <

Pressen Sie den Knoblauch ohne ihn zu schälen: Ungeschälte
Knoblauchzehe mit der Spitze nach unten in die Knoblauch-
presse geben und durch-
drücken. So bleibt die
Schale in der Presse
und Sie ersparen sich das
mühevolle Schälen.
Wenn Sie den Knob-
lauch **schneiden** wollen,
Reiben Sie die Knoblauchzehen aneinander, die Schale lockert
sich und Sie können die Schale leichter entfernen.

Zucchininudeln

1 Portion

➤ **90 g Bandnudeln, wenn möglich Vollkorn**

2–3 Zehen Knoblauch, fein hacken oder dünnblättrig hobeln
½ Zwiebel, fein hacken oder in feine Ringe hobeln
1 große Zucchini (250 g), in dünne Streifen schneiden – geht am besten mit einem Hobel oder mit dem Kartoffelschäler
ein paar Löffel Wasser
Kräutersalz

ca. 3 EL Sauerrahm (100 g)

Schnittlauch zum Bestreuen

Beilagentipp
Salat

➤✗ Austauschnudeln verwenden

Nudeln in Salzwasser garen, abseihen aber nicht abschrecken.

In der Zwischenzeit Knoblauch und Zwiebel in eine heiße Pfanne geben und mit ca. 5 Löffeln heißem Wasser aufgießen.

Zugedeckt ca. 5 Min. dünsten lassen, dabei immer wieder umrühren und evtl. etwas Wasser nachgießen.

Zucchini hinzufügen und weitere 2 Min. dünsten lassen. Nicht zu lange dünsten, sonst zerfallen die Zucchinistreifen. Die Flüssigkeit soll vollständig verdampft sein.

Nudeln hinzufügen. Kräftig würzen.

Vom Herd nehmen und den Sauerrahm untermengen. Nicht mehr kochen, sonst flockt der Sauerrahm aus.

Mit frischem Schnittlauch bestreuen.

pro Portion ⊗

kJ	kcal	Eiweiß (g)	Fett (g)	KH (g)	BE
2269	542	19	19	73	6

Kürbisnudeln

4 Portionen

➤ 300 g Vollkornnudeln, garen

1 EL Olivenöl (10 g)
1 Zwiebel (100 g), hacken
1 kg Kürbis, z. B. Muskatkürbis, in
Streifen schneiden
⅛ l Wasser (125 g), kochend heiß
(Wasserkocher)
½ Suppenwürfel ohne Hefe, ohne
Glutamat, glutenfrei
ca. 8 Zehen Knoblauch

100 g geriebener Käse zum Bestreuen

Gewürztipp
Kräutersalz, Rosmarin, Thymian,
Paprika, Zitronenschale
Schnittlauch oder Kerbel zum Bestreuen

Beilagentipp: Salat

➤ ✂ Austauschnudeln verwenden

Zwiebel anrösten, Kürbisstreifen mitrösten.

Restliche Zutaten und Gewürze hinzufügen.

Zugedeckt kurz dünsten lassen. Nach Bedarf
Wasser hinzufügen.

Gegarte Nudeln untermengen.

Mit frischen Kräutern und Käse bestreuen.

pro Portion ⊠

kJ	kcal	Eiweiß (g)	Fett (g)	KH (g)	BE
2072	495	21	14	70	5,8

Spaghetti mit Pestovarianten *4 Portionen*

➤ 350 g Vollkornspaghetti, garen

Nudeln al dente garen.

Pesto

30 g Walnüsse, rösten

ca. 8 Zehen Knoblauch

Kräutersalz, Pfeffer

200 g Basilikum oder andere frische Kräuter

120 g Bergkäse, reiben

2 EL Olivenöl (20 g)

ca. ⅛ l Wasser (125 g), kochend heiß (Wasserkocher)

½ Suppenwürfel ohne Hefe, Glutamat und glutenfrei

➤ 1 EL Haferkleie (15 g)

Pesto

Alle Zutaten pürieren, z. B. in einer Moulinette, im Mörser oder im Thermomix.

Das Pesto zu den Nudeln reichen.

pro Portion

kJ	kcal	Eiweiß (g)	Fett (g)	KH (g)	BE
2468	589	24	23	71	6

Beilagentipp

Salat, geröstete bunte Paprikastreifen

➤ Austauschnudeln verwenden, Haferkleie weglassen

Pesto-Varianten

Tauschen Sie eine oder mehrere der folgenden Zutaten aus und schon erhalten Sie ein völlig neues Pesto.

Anstatt gerösteter Walnüsse: geröstete Haselnüsse, Mandeln, Cashewnüsse, Pistazien, Pinienkerne, Sesam, Kürbiskerne, Sonnenblumenkerne, Macadamianüsse

Anstatt Basilikum: Petersilie, Rucola, Bärlauch, Zitronenmelisse, Salbei, frische Majoranblätter, frische Oreganoblätter, Maggikraut (= Liebstöckel), Kerbel, Koriandergrün

Anstatt Bergkäse: Parmesan, Schafs-Schnittkäse

Anstatt Olivenöl: Sesamöl, Weizenkeimöl, Leinöl, Haselnussöl, Walnussöl, Kürbiskernöl

Spinatspaghetti

vegetarisch!

➤ 350 g Vollkornspaghetti, garen

400 ml Milch
½ Pkg. Safran
Kräutersalz

1 kg Blattspinat, frisch oder gefroren
Basilikum, Kräutersalz, Muskat,
Knoblauch

100 g Käse, reiben
Basilikum oder Schnittlauch

Beilagentipp: Salat

➤ Austauschnudeln verwenden

4 Portionen

Milch, Safran und Kräutersalz aufkochen.
Spinat und Gewürze hinzufügen und einige
Minuten köcheln lassen. Nach Bedarf Wasser
hinzufügen.
Gegarte Spaghetti untermengen.
Mit Käse und frischen Kräutern bestreuen.

pro Portion

kJ	kcal	Eiweiß (g)	Fett (g)	KH (g)	BE
2265	540	29	15	69	5,8

> Sie möchten eine sämige Sauce? <

Kochen Sie eine rohe, fein geriebene hühnereigroße mehlige
Kartoffel mit oder rühren Sie 1 TL Maisstärke mit 5 EL kaltem
Wasser glatt. Gegen Ende der Garzeit zur Sauce geben und
unter Rühren aufkochen.

Nudeln mit Tomatensauce *4 Portionen*

➤ 400 g Teigwaren, eifrei

Sauce
2 Dosen á 400 g passierte oder
Tomaten in Stücken
Knoblauch
Kräuter der Provence
Kräutersalz

Zum Bestreuen und Garnieren
100 g Almkäse oder Bergkäse
Vollfettstufe, gerieben
frisches Basilikum

Beilagentipp: Salat

➤ ✗ Austauschnudeln verwenden

Nudeln al dente garen.
Nicht abschrecken, nur abseihen.
Gegarte Nudeln entweder mit der Tomatensauce
mischen oder die Nudeln auf einem Teller anrichten und die Tomatensauce darübergießen.

Tomatensauce
Tomaten in einem Topf mit den Gewürzen
erhitzen.

Mit Käse bestreuen und mit Basilikum garnieren.

pro Portion

kJ	kcal	Eiweiß (g)	Fett (g)	KH (g)	BE
2048	488	22	9	79	6.5

> Schon gewusst? <

Nudeln mit Tomatensauce sind ein einfaches Blitzgericht und noch dazu gesund. Das Lykopin aus den
Tomaten ist schon vor vielen Jahren als Krebsschützer entlarvt worden. Der Bergkäse deckt rund ⅓ des
täglichen Kalzium-Bedarfs. Durch die Kombination mit Tomaten und frischem Basilikum kann das Kalzium
optimal verwertet werden. Die Kräuter tanken Ihre Mineralienspeicher auf.

Gnocchi, Schupfnudeln, Knödel aus Kartoffelteig ohne Ei *1 Portion*

1 Portion als Beilage
80 g mehlige Kartoffeln
➤ 40 g Weizen-Vollkornmehl
½ TL Olivenöl
Gewürze: Kräutersalz, Pfeffer, Muskat

1 Portion als Hauptspeise
150 g mehlige Kartoffeln
➤ 75 g Weizen-Vollkornmehl
½ TL Olivenöl
Gewürze

Salzwasser zum Kochen
Auf 1 l Wasser 1 TL Salz

➤ ✕ Ersetzen Sie das Weizen-Vollkornmehl durch Austauschmehl

> Grundregel <

Mehlige Kartoffeln und Weizen-
Vollkornmehl stehen im Verhältnis
2:1. D. h. 2 Teile Kartoffeln, 1 Teil
Mehl, pro Person ½ TL Olivenöl,
Gewürze.

Kartoffeln vorbereiten
Sie können entweder rohe Kartoffeln frisch
dämpfen und noch heiß durch eine
Kartoffelpresse drücken oder gegarte Kartoffeln
vom Vortag verwenden, die Sie **sehr** fein reiben.

Kartoffelteig-Zubereitung
Kartoffeln mit den restlichen Zutaten **rasch** zu
einem glatten Teig verkneten. Zu langes Kneten
macht den Teig zäh!

Den Teig 10 Min. ohne Zudecken bei Zimmer-
temperatur nachquellen lassen.
Weitere Zubereitung siehe „Das kleine Knödel-
Einmaleins" Seite 181 ff.

pro Portion

	kJ	kcal	Eiweiß (g)	Fett (g)	KH (g)	BE
Beilage	874	209	6	4	36	3.2
Hauptspeise	1531	366	12	5	67	5.9

Das kleine Knödel-Einmaleins

Wie viel Mehl in den Kartoffelteig?

Die in den Rezepten angegebene Mehl- bzw. Grießmenge ist nur ein Richtwert. Der tatsächliche Mehlverbrauch hängt von z. B. dem Flüssigkeits- und Stärkeanteil der Kartoffeln oder der Größe des Eis ab. Lassen Sie den Teig 10 Min. ohne Zudecken bei Zimmertemperatur quellen. Wenn Ihnen der Teig danach immer noch zu feucht vorkommt, kneten Sie noch etwas Mehl unter. **Achtung!** Nicht zu lange kneten, sonst wird der Teig zäh.

➤✂ Wenn Sie Mehl für die Ausarbeitung verwenden, berücksichtigen Sie dieses Mehl in Ihrer BE-Berechnung.

➤✂ Anstatt Weizen-Vollkornmehl Austauschmehl verwenden, anstatt Haferkleie und Weizengrieß glutenfreien Grieß

Kartoffelteig würzen – pikant oder süß

Kartoffelteig verträgt viel an Gewürz. Würzen Sie daher den Kartoffelteig kräftig, sonst schmeckt das Gericht fad. Sie können den Kartoffelteig sowohl pikant als auch süß abschmecken. Für die pikante Variante wählen Sie aus den Vorschlägen von Seite 140 und variieren Sie nach Geschmack.

Süßer Kartoffelteig harmoniert wunderbar mit Mohn, z. B. als klassische Mohnnudeln, mit gerösteten Bröseln, Nüssen, Fruchtsaucen, z. B. Himbeersauce, süßen Milchsaucen, z. B. Vanillesauce oder Obstsalat. Der Teig kann aber auch für süße Obstknödel, z. B. Marillenknödel, verwendet werden. Würzen Sie den süßen Kartoffelteig mit einer kleinen Prise Salz (nicht vergessen, schmeckt sonst fad!), 1 TL Zucker pro Person oder 2 Schuss Süßstoff für Diabetiker und Gewürzen Ihrer Wahl, z. B. Zimt, Vanilleschotenmark, Zitronenschale, Limettenschale oder Lebkuchengewürz. Interessant schmecken frisch gehackte Zitronenmelissen- oder Minzeblätter (pro Person 1 TL), Maronipüree (pro Person 1 TL), Kokosflocken (pro Person 1 EL) oder Kakaopulver (pro Person 1 gestrichener TL).

Kartoffelteig färben

Färben Sie den Kartoffelteig mit je 1–2 Teelöffeln Gelbwurzpulver, passiertem Spinat, Tomatenmark, Karottenpüree, Rohnensaft, Sepia (Tintenfischtinte),

Paprikapulver oder frischen Kräutern. Geben Sie bei den flüssigen bis breiigen Färbezutaten etwas mehr Mehl in den Teig, sonst wird der Teig zu weich.

Gnocchi formen
Für Anfänger: Aus dem Teig eine Rolle von ca. 2 cm Durchmesser formen. Fingerdicke Scheiben herunterschneiden. Mit einer Gabel ein Rillenmuster eindrücken.
Für Profis: Aus dem Teig eine Rolle von ca. 2 cm Durchmesser formen. Fingerdicke Scheiben herunterschneiden. Knödel formen und einzeln auf eine Gabel legen, mit dem Finger flach drücken, sodass das Rillenmuster der Gabel auf dem Gnocchi zu sehen ist. Scheibe zur Mitte hin einrollen, es entsteht die typische muschelförmige Gnocchiform.

Der Teig klebt an der Gabel?
Wenn der Teig sehr stark klebt, waschen Sie die Gabel nach jedem dritten Gnocchi, abtrocknen und immer wieder in Mehl tauchen.

Schupfnudeln formen
Teig zu einer ca. 2 cm dicken Rolle formen, fingerdicke Scheiben abschneiden. Auf die Handfläche legen, mit der zweiten Handfläche darüberrollen, sodass eine klein-fingerdicke daumenlange Nudel entsteht. Die Schupfnudel verdankt ihren Namen diesem Form-Vorgang, der im Schwäbischen „schupfen" genannt wird.

Knödel formen
Teig zu einer ca. 2 cm dicken Rolle formen. Gleichmäßige Stücke abschneiden und mit beiden Händen zu Knödeln rollen. Die Knödel sollten max. walnussgroß sein, da sie sonst nicht gleichmäßig durchgaren.

Gnocchi, Schupfnudeln und Knödel garen
➤ Garen im Kochtopf
Einen großen Topf mit Salzwasser (Faustregel: Auf 1 l Wasser 1 TL Salz) vorbereiten. Das Wasser soll leicht wallend kochen.
Zeitspartipp: Erhitzen Sie das Wasser im Wasserkocher!
Gnocchi, Nudeln oder Knödel portionsweise in das leicht wallende Salzwasser einlegen. Das Wasser darf nicht kochen, sonst zerfällt das Gargut.
Gnocchi und Schupfnudeln je nach Größe 3–5 Min., Knödel max. 15 Min. ziehen lassen. Immer wieder am Topf rütteln, damit sich das Gargut dreht.

✗ **Achtung!** Nicht zu viel auf einmal in den Topf geben, sonst kühlt die Wasser-
temperatur zu sehr ab und das Gargut weicht außen auf, bleibt aber innen roh.
Gargut mit einem Siebschöpfer herausnehmen, in ein Sieb geben und kurz
abtropfen lassen. Sofort servieren oder im Kühlschrank aufbewahren und bei
Bedarf im Dampfgarer oder im Kochtopf über Dampf erwärmen.
Weicht das Gargut an der Außenseite auf, war es zu lange im Wasser.
„Notfalltipp": Gargut nebeneinander auf ein mit Backpapier ausgelegtes
Backblech legen und bei 180 °C von beiden Seiten trocknen lassen.

➤ **Garen im Dampfgarer**
Gelochten Garbehälter mit Backpapier auslegen. Gargut einlegen. Bei 100 °C
Schupfnudeln und Gnocchi ca. 5 Min. und Knödel ca. 15 Min. dämpfen.

Salz im Kochwasser
Salzen Sie das Kochwasser. Das Salz verhindert, dass Geschmacksstoffe
auslaugen. Würden Sie das Kochwasser nicht salzen, kommt das Prinzip der
Osmose voll zum Tragen, sprich das Wasser holt sich aus dem Gargut alle
Geschmacksstoffe heraus mit dem Ergebnis, dass z. B. das herrlich gewürzte
Gnocchi nach dem Garen im Wasser nach nichts schmeckt. Faustregel:
Auf 1 l Wasser 1 TL Salz.
Fazit: Immer wenn Sie etwas in Wasser garen, salzen Sie das Wasser, dann
behält das Gargut den vollen Geschmack.
✗ **Achtung!** Bei der Zubereitung im Dampfgarer können Sie auf das Salz
verzichten, da der Dampf den Geschmack nicht auslaugt.

Gnocchi, Schupfnudeln und Knödel aufbewahren
Fertig gegarte Gnocchi, Schupfnudeln oder Knödel in ein Sieb geben und gut
abtropfen lassen. Im Kühlschrank halten sich die Gerichte 2–3 Tage.
Damit die Gnocchi, Schupfnudeln und Knödel beim Aufbewahren nicht im
Abtropfwasser aufweichen, geben Sie einen Dünsteinsatz oder einen Suppenteller
verkehrt, also mit der Wölbung nach oben, in eine Schüssel. Schütten Sie das
Gegarte in den Dünsteinsatz bzw. auf den verkehrten Teller. Die Flüssigkeit kann
abtropfen, das Gegarte weicht nicht auf. Zum Aufbewahren gut zudecken, sonst
trocknet die Oberfläche aus.

Gnocchi, Schupfnudeln, Knödel aus Kartoffelteig mit Ei

5 Portionen als Hauptspeise,
10 Portionen als Beilage

1 kg mehlige Kartoffeln, frisch
gedämpft oder vom Vortag
➤ 400 g Weizen-Vollkornmehl
1 Ei
Gewürze: Kräutersalz, Pfeffer, Muskat

Salzwasser zum Kochen
Auf 1 l Wasser 1 TL Salz

➤✕ Ersetzen Sie das Weizen-Vollkornmehl durch Austauschmehl

Zubereitung wie bei Gnocchi, Schupfnudeln,
Knödel aus Kartoffelteig ohne Ei.
Weitere Zubereitung siehe Knödel-Einmaleins
Seite 181 ff.

pro Portion

	kJ	kcal	Eiweiß (g)	Fett (g)	KH (g)	BE
Beilage	848	203	7	2	39	3.4
Hauptspeise	1696	406	14	3	78	6.9

Gnocchi, Schupfnudeln, Knödel aus Kartoffelteig mit Grieß

Ca. 3 Portionen als Hauptspeise,
6 Portionen als Beilage

500 g mehlige Kartoffeln, frisch gedämpft oder vom Vortag
➤ 75 g Weizengrieß
➤ 100 g Weizen-Vollkornmehl
1 Ei
Gewürze: Kräutersalz, Pfeffer, Muskat

Salzwasser zum Kochen
Auf 1 l Wasser 1 TL Salz

➤ Ersetzen Sie das Weizen-Vollkornmehl durch Austauschmehl, den Weizengrieß durch glutenfreien Grieß

Zubereitung wie bei Gnocchi, Schupfnudeln, Knödel aus Kartoffelteig ohne Ei.
Weitere Zubereitung siehe „Das kleine Knödel-Einmaleins" Seite 181 ff.

pro Portion

	kJ	kcal	Eiweiß (g)	Fett (g)	KH (g)	BE
Beilage	689	165	6	2	31	2.8
Hauptspeise	1379	330	12	3	62	5.5

Gnocchi-Varianten

Kartoffelpaunzen

Beliebigen Kartoffelteig zur 2 cm dicke Rolle formen. 2–3 cm dicke Stücke abschneiden. Kartoffelteig–stücke in einer Pfanne in einem Raps-öl-Butter-Gemisch knusprig braten. Beilage: Sauerkraut oder Apfelmus

Salbeignocchi

Gegarte Gnocchi in Butter und frisch gehacktem Salbei schwenken. Beilage: Salat

Gratinierte Gnocchi oder Schupfnudeln

Gegarte Gnocchi oder Schupfnudeln in eine Auflaufform geben. Mit Béchamelsauce überziehen und im Backrohr bei 170 °C so lange backen, bis die Oberfläche bräunt. Beilage: Salat

Gemüse-Variante: Pro Portion mit 250 g Tiefkühlgemüse oder frischem Gemüse bedecken. Dann mit Béchamelsauce überziehen und gratinieren wie beschrieben.

Tomaten-Variante: Pro Portion mit 2 großen, gehackten Fleischtomaten oder ½ Packung gehackten Tomaten bedecken. Pizzakräuter und Knoblauch darüber verteilen. Dann mit Béchamelsauce überziehen und gratinieren wie beschrieben.

Béchamel für 1 Portion

1 EL Weizen-Vollkornmehl (= 15 g), 200 ml Milch (200 g), Muskatnuss, Kräuter-salz, 20 g würziger Bergkäse oder Parmesan
Zubereitung wie Pudding: ⅔ der Milch aufkochen lassen. Die restliche Milch mit dem Mehl verrühren und in die kochende Milch einrühren. Aufkochen, bis es blubbert. Würzen.

➤✘ Austauschmehl verwenden

Serviettenschnitte

2 kleine Portionen

vegetarisch!

1 kleine rote Zwiebel, (70 g) hacken, ohne Fett rösten

ca. 150 ml kochendes Wasser

➤ 100 g Knödelbrot oder getrocknete, in Würfel geschnittene Laugenbrezen

1 Ei (60 g)

➤ 1 EL Haferkleie (15 g)

frisch gehackte Petersilie (3 g)

Kräutersalz, Pfeffer, Muskat

Frischhaltefolie zum Einwickeln

➤✗ Glutenfreies Knödelbrot und statt Haferkleie Austauschmehl verwenden

Beilagentipp
Salat oder Sauerkraut

Zwiebel in einem großen Topf ohne Fett anrösten. Der Topf soll so groß sein, dass alle weiteren Zutaten Platz haben.

Mit dem Wasser aufgießen und 1 x kurz aufkochen lassen. Dadurch wird die Zwiebel leichter bekömmlich. Vom Herd nehmen.

Knödelbrot dazu geben. Ca. 5 Min. ziehen lassen. Die Masse ist relativ trocken!

Mit den restlichen Zutaten **locker** vermengen. Die trockene Serviettenmasse teilen. Jede Masse in je einen Streifen Frischhaltefolie wickeln, formen, mit einer Nadel mehrmals einstechen und in Salzwasser oder im Dampfgarer garen.

pro Portion

kJ	kcal	Eiweiß (g)	Fett (g)	KH (g)	BE
1103	263	11	5	43	3,6

> Serviettenschnitte oder Semmelknödel? <

Serviettenschnitte formen: Die trockene Serviettenmasse teilen. Jede Masse in je einen Streifen Frischhaltefolie wickeln. Mit schwingenden Bewegungen zu einer Rolle formen. Rolle an den Enden verknoten, sodass eine „Wurst" entsteht. Die Wurst auf der Arbeitsfläche mehrmals rollen, damit sie gleichmäßig wird. „Knödelmasse-Wurst" in Salzwasser ca. 40 Min. oder im Dampfgarer bei 100 °C ca. 20 Min. garen.

✗ **Achtung!** In Frischhaltefolie Eingepacktes niemals im Schnellkochtopf unter Druck garen, die Folie würde schmelzen!

Semmelknödel: Die Masse eignet sich auch für Semmelknödel. Dazu evtl. etwas mehr Flüssigkeit hinzufügen. Die Masse soll sehr feucht sein. Runde Knödel formen, dabei fest zusammendrücken, sodass nach dem Formen kein Knödelbrot mehr sichtbar ist. Im leicht wallenden Salzwasser oder im Dampfgarer bei 100 °C garen.

Käseknödel / -nocken *4 Portionen, 12 kleine Knödel*

vegetarisch!

Knödel
➤ 12 Scheiben (300 g) Vollkorn-Toastbrot, würfeln oder mit der Hand zerbröckeln

¼ l Wasser (250 g), kochend heiß

2 Eier

100 g Käse, würfeln

➤ 1 EL Haferkleie (15 g)

Knoblauch, Kräutersalz, Petersilie

Suppe
1 l hausgemachte Gemüsebrühe oder 1 l heißes Wasser mit 2 Suppenwürfeln ohne Hefe, Glutamat und Gluten

Schnittlauch zum Bestreuen

Beilagentipp: Salat, Suppe

➤✗ Austauschbrot, Austauschmehl anstatt Haferkleie verwenden

Alle Zutaten mit der Hand rasch zu einem weichen Teig vermengen. Nicht zu lange kneten, sonst wird der Knödel hart.

Mit nassen Händen Knödel oder Nocken formen.

✗ **Achtung!** Die Masse ist sehr weich, zieht beim Garen aber durch den Haferkleieanteil nach. Wenn Sie weniger Flüssigkeit verwenden, ist der gegarte Knödel hart.

Knödel im Dampfgarer bei 90 °C ca. 20 Min. oder im Kochtopf über Dampf ca. 30 Min. garen.

In der Suppe servieren und mit viel Schnittlauch bestreuen.

pro Portion

kJ	kcal	Eiweiß (g)	Fett (g)	KH (g)	BE
1486	353	18	14	38	3,2

Fastenknödel auf Sauerkraut

4 Portionen, 8 große oder 16 kleine Knödel

➤ 300 g Mehrkorntoastbrot, würfeln oder mit der Hand zerbröckeln

200 g Wasser, kochend heiß (Wasserkocher)

400 g mehlige, gekochte Kartoffeln, reiben

80 g „Broada" oder anderer fettarmer Käse, zerbröckeln oder reiben

1 Ei

ca. 4 Zehen Knoblauch

➤ 1 EL Haferkleie (15 g)

Petersilie, Kräutersalz, Pfeffer, Kümmel, Muskat

evtl. ohne Fett geröstete Zwiebel

Schnittlauch zum Bestreuen

1 kg Sauerkraut, Kümmel, Wacholder, Petersilie

Beilagentipp: Salat

➤✗ Austauschbrot, Austauschmehl anstatt Haferkleie verwenden

Alle Zutaten mit den Gewürzen rasch vermengen.

Lockere Knödel formen und im Dampfgarer bei 100 °C 20 Min. oder über Dampf im Kochtopf auf einem befetteten Dünsteinsatz ca. 30 Min. garen.

Mit frischem Schnittlauch bestreuen.

Sauerkraut

Sauerkraut mit den Gewürzen in einem Topf ohne Fett erhitzen und je nach Geschmack 5–30 Min. kochen.

pro Portion

kJ	kcal	Eiweiß (g)	Fett (g)	KH (g)	BE
1459	346	19	5	52	4,4

> Was ist „Broada"? <

Eine Spezialität aus der Gegend um Kitzbühel. Es handelt sich um eine Art Topfen, also um einen Frischkäse, der aus gesäuerter Milch hergestellt wird. Der „Broada" kann frisch gegessen oder „getränt" werden. Zum „Tränen" wird der Topfen zerbröckelt, gewürzt und ein paar Tage stehen gelassen. Dadurch baut sich das weiße Topfenartige in eine beige gallert—artige Masse um. Riecht furchtbar – schmeckt wunderbar.

> Vorratstipp <

Der Knödelteig lässt sich gut vorbereiten. Die gegarten Knödel eignen sich auch zum Tiefkühlen! Tauen Sie die Knödel am besten in heißer Suppe auf.

Pressknödel

14 Pressknödel

vegetarisch!

➤ 4 Scheiben Vollkorn-Toastbrot (100 g), in Stücke reißen oder in Würfel schneiden

420 g Kartoffeln, gekocht mit Schale, reiben

150 g Graukäse, in kleine Würfel schneiden

140 g Bergkäse, reiben

2 Eier

Kräutersalz, Kümmel

mindestens 1 Bund Schnittlauch

Zum Braten

20 g hochwertige Butter, am besten Almbutter oder als Alternative Olivenöl

Beilagentipp

Salat

Suppe oder Sauerkraut

➤  Glutenfreies Brot verwenden

Alle Zutaten der Reihe nach in eine Schüssel geben und am besten mit der Hand gut vermengen. Knödel formen.

In der Pfanne wenig Butter erhitzen und die Knödel einlegen. Flach drücken („pressen"). Zugedeckt knusprig braten.

Umdrehen und ohne Deckel auf der zweiten Seite knusprig braten.

Mit viel Schnittlauch bestreuen.

✗ **Achtung!** Wenn Sie die zweite Seite ohne Deckel braten, werden die Pressknödel beidseitig knusprig. Wenn Sie aber den Deckel zum Braten der zweiten Seite daraufgeben, dann weicht die knusprige Seite wieder auf.

pro Stück

kJ	kcal	Eiweiß (g)	Fett (g)	KH (g)	BE
470	112	8	5	8	0.7

> Zubereitungstipps <

Kartoffeln garen

Garen Sie die Kartoffeln immer in der Schale und im Dampf. So bleiben am meisten Vitamine in den Kartoffeln. Wenn Sie die Kartoffeln im Schnellkochtopf kochen, dann füllen Sie nur so viel Wasser ein, bis der Dünsteinsatz knapp bedeckt ist. Lassen Sie das Wasser aufkochen und geben Sie erst dann die Kartoffeln in den Topf. Warum? Kaltes Wasser raubt Vitamine, heißer Dampf verschließt Poren und reduziert den Vitaminverlust.

Warum Graukäse und Bergkäse?

Die original Pressknödel werden nur mit Graukäse gemacht und haben einen Nachteil: den niedrigen Kalziumgehalt. Graukäse enthält aufgrund der Säuregerinnung weniger Kalzium als Hartkäse. Dieses Kalzium-Minus wird in diesem Rezept mit Bergkäse ausgeglichen. Zusatzplus: Der Schnittlauch erleichtert durch das enthaltene Vitamin C die Kalziumverwertung.

Knödel vorbereiten

Bereiten Sie den Teig am Vortag zu, dann schmecken die Pressknödel noch würziger.

Hülsenfrüchteknödel mit Butter, Schnittlauch und Sauerkraut *4 große Portionen*

Knödel

➤ 5 Scheiben Vollkorn-Toastbrot (125 g)

300 g Erbsen, Bohnen oder Linsen, frisch gekocht oder aus der Dose
3 EL Wasser (30 g)
4 EL naturtrüber Apfelessig (40 g)
70 g Käse, reiben
1 Ei
Kräutersalz, Basilikum, Majoran, Oregano, Thymian, Kümmel, Knoblauch

Sauerkraut

1 kg Sauerkraut
Kümmel

Zum Ausfertigen

80 g hochwertige Butter
80 g Käse, reiben
Schnittlauch, frisch gehackt

Beilagentipp

Salat

➤ ✗ Austauschbrot verwenden

Knödel

Toastbrot mit der Hand zerbröckeln, mit den restlichen Zutaten vermengen.
Knödel formen und 20 Min. bei 100 °C im Dampfgarer oder 30 Min. im Dünsteinsatz des Kochtopfs garen.

Sauerkraut

Sauerkraut erhitzen.

Knödel mit viel Schnittlauch bestreuen, auf Sauerkraut anrichten und mit brauner Butter und Käse servieren.

pro Portion

kJ	kcal	Eiweiß (g)	Fett (g)	KH (g)	BE
1970	470	23	30	23	1,9

Süße Hauptspeisen und leckere Desserts

Himmlische Genüsse ohne schlechtes Gewissen

➤ Aufläufe, Nudeln, Nocken …
➤ Cremes
➤ Süße Beilagen

Eine Geschmacksausprägung ist uns in die Wiege gelegt. Die Vorliebe für Süßes. Wer liebt sie nicht, die süßen Köstlichkeiten? Wäre da nicht dieses schlechte Gewissen, dass dem himmlischen Genuss hin und wieder eine Made ins Gericht setzt. Warum also nicht Genuss und Gesundheit verbinden? In diesem Kapitel finden Sie die herrlichsten Verlockungen, natürlich mit Gesundheitshintergrund.

✗ **Hinweis:** Bei den warmen Gerichten sind die Portionsgrößen als Hauptspeise berechnet!

Warum werden in den Rezepten hauptsächlich Beeren verwendet?

Beeren gelten als Quelle für Wirkstoffe: Körper- und gefäßschmeichelnde Vitamine, Mineralstoffe, bioaktive Substanzen, darmaufbauende Ballaststoffe, und das alles bei minimalem Kaloriengehalt, klar, dass die Beeren mit diesen Eigenschaften in das Rampenlicht rücken. Positiver Nebeneffekt für Diabetiker und auch für figurbewusste Vielesser: Sie können für die gleiche Zucker- und Kalorienmenge mehr essen als von anderen Obstsorten.

Zuckermenge im Rezept?

Die Zuckermenge stellt einen Richtwert dar. Je weniger Zucker Sie benötigen, desto besser.

Gewürze für Süßspeisen

Minze, Zitronenkraut, Zitronenmelisse, Zitronenschale, Orangenschale, Mandarinenschale, Kokospulver, Zimt, Vanille, Sternanis, Anis, Koriander, Kardamom, Fenchel, Ingwer, Süßkraut, Nelken, Piment, Malve, Rosenblätter, Veilchen, Ringelblumen, Pfeffer und Muskatnuss.

Tipp für Diabetiker: Verwenden Sie Gewürzsüßstoffe lt. Rezept auf Seite 230 anstatt z. B. Vanillezucker oder Aromen.

> Backformenfett sparen <

Wenn Sie Silikonbackformen nur mit Wasser waschen, bleibt eine Fettschicht vorhanden und Sie müssen die Form nur hin und wieder nachfetten.
Legen Sie herkömmliche Backformen und Backbleche mit Backfolie aus, z. B. Dauerbackfolie.

Beerengratin

4 Portionen

1 kg Beeren, frisch oder gefroren,
z. B. Brombeeren

Große flache Auflaufform oder Backblech mit Backpapier auslegen. Beeren darauf verteilen. Mit Guss bedecken. Im vorgeheizten Rohr bei ca. 170 °C backen.

Guss
½ l Milch (500 g)
➤ 4 EL Weizen-Vollkornmehl (60 g)

100 g Topfen, Magerstufe
3 Eier
➤ ca. 50 g Zucker oder Honig

Guss:
⅔ der Milch aufkochen, restliche Milch mit dem Mehl verrühren, zur kochenden Milch geben und unter Rühren aufkochen.

Vom Herd nehmen und die restlichen Zutaten untermengen.

Gewürztipp
Bio-Zitronenschale, Vanilleschoten-mark, Zimt, Bio-Orangenschale ...

Beilagentipp
Süße Saucen, z. B. Vanillesauce, Kompott, kalte Fruchtsauce, Obstmus

pro Portion

kJ	kcal	Eiweiß (g)	Fett (g)	KH (g)	BE
1378	329	17	11	36	3
1166	278	17	11	23	1,9

➤  Austauschmehl
➤ ✂ 5 ml Süßstoff

> Tipp <
Anstatt Beeren können Sie auch be-liebige andere Früchte verwenden.

Scheiterhaufen

4 Portionen

➤ 180 g Vollkorn-Toastbrot, mithilfe
   der Brotmaschine in je zwei dünne
   Scheiben schneiden
➤ 1 EL Haferkleie (15 g)

800 g Äpfel, entkernt, mit Schale fein
raspeln oder dünnblättrig hobeln

Eiermilch
¼ l Milch (250 g)
⅛ l Mineralwasser (125 g)
2 Eier
➤ ca. 80 g Zucker oder Honig

Gewürztipp
Zimt, Vanille, Zitronenschale

Beilagentipp
Süße Saucen, z. B. Vanillesauce,
Kompott, kalte Fruchtsauce, Obstmus,
Preiselbeeren

➤ ✕ Austauschbrot, anstatt Haferkleie Austauschmehl
➤ ✕ 8 ml Süßstoff

Toastbrot, Haferkleie und Apfelscheiben schicht-
weise in eine Auflaufform geben. Mit einer
Schicht Brot abschließen.

Mit gewürzter Eiermilch übergießen.

Im vorgeheizten Rohr bei 170 °C knusprig
backen.

pro Portion

kJ	kcal	Eiweiß (g)	Fett (g)	KH (g)	BE
1615	384	10	8	68	5,6
1275	303	10	8	48	4

> Tipp <

Anstatt Äpfeln können Sie auch 400 g Preiselbeermarmelade
verwenden.

Kürbislaibchen

4 Portionen

400 g mehlige Kartoffeln, gekocht,
reiben
500 g Kürbis oder Karotten, fein
raspeln
2 Eier
➤ 4 EL Weizen-Vollkornmehl (60 g)
➤ ca. 70 g Zucker oder Honig

2 EL Rapsöl (20 g) zum Braten

Gewürztipp
Bio-Zitronenschale, Vanilleschoten-
mark, Zimt, Bio-Orangenschale ...

Beilagentipp
Süße Saucen, z. B. Vanillesauce,
Kompott, kalte Fruchtsauce, Obstmus

➤  Austauschmehl
➤ 7 ml Süßstoff

Alle Zutaten in eine Schüssel geben, kräftig! würzen und rasch vermengen.

Mit einem Löffel Teighäufchen herausnehmen und
in wenig heißem Öl zugedeckt auf einer Seite
knusprig braten. Umdrehen und ohne Deckel
fertig braten.

✗ **Tipp:** Je flacher Sie die Laibchen drücken,
desto besser schmecken sie.

pro Portion

kJ	kcal	Eiweiß (g)	Fett (g)	KH (g)	BE
1265	303	9	8	47	3,9
968	232	9	8	29	2,4

> Tipp <

Anstatt Laibchen können Sie auch Knödel formen und diese
im Dampfgarer bei 100 °C 20 Min. oder im Dünsteinsatz des
Kochtopfs über Dampf garen. Garzeit ca. 30 Min.

Schottnocken, Schottknödel 4 Portionen

500 g Schotten, ersatzweise Topfen,
Magerstufe
➤ 160 g Weizen-Vollkornmehl
➤ ca. 50 g Zucker oder Honig
2 Eier
➤ 1 EL Haferkleie (15 g)
evtl. Mineralwasser

2 EL Rapsöl (20 g) zum Braten

Gewürztipp
Zitronenschale, Zimt,
Lebkuchengewürz, Vanille

Beilagentipp
Preiselbeerragout, Vanillesauce,
Obstmus, Hollermandl

➤ ✗ Austauschmehl anstatt
   Weizen-Vollkornmehl und
   Haferkleie
➤ ✗ 4 ml Süßstoff

Alle Zutaten verrühren. Ist der Teig zu fest, geben
Sie noch etwas Mineralwasser dazu. Kräftig
würzen!

Mit einem nassen Löffel Nocken abstechen, in
heißes Öl geben, flach drücken und zugedeckt so
lange braten, bis die Unterseite knusprig ist,
umdrehen und ohne Deckel fertig braten.

Fettspartipp
Bereiten Sie die Nocken im Dampfgarer zu.
100 °C, Dauer 20 Min.

pro Portion

kJ	kcal	Eiweiß (g)	Fett (g)	KH (g)	BE
1528	365	25	9	44	3,7
1316	314	25	9	31	2,6

> Was ist Schotten? <

Original Schotten ähnelt in Farbe und Konsistenz dem Topfen
und wird aus der bei der Käseherstellung anfallenden Süß—
molke hergestellt. Es handelt sich also um ein „Restprodukt"
der Käseherstellung. Die Süßmolke wird dazu erhitzt, bei ca.
80 °C das Fett entfernt und weiter auf 97 °C erhitzt und ge-
säuert. Die Eiweißstoffe fallen aus und werden aufgefangen.
Da es sich bei den Eiweißbestandteilen um stark bindende
Albumine und Globuline handelt, kann Schotten gut als Bindemittel und bei vielen Gerichten als Eiersatz verwendet werden.
Besonders für Eiallergiker ist das interessant. Schotten ist
üblicherweise in Sennereien erhältlich.

Topfennudeln auf Erdbeersauce *4 Portionen*

Variante 1 (weicher Teig)
1 Packung Topfen, Magerstufe (250 g)
2 Eier
➤ 80 g Weizen-Vollkorngrieß
➤ ca. 30 g Zucker

Variante 2 (harte Nudeln, fester Teig, auch geeignet für Obstknödel, Mohn- oder Nussnudeln)
1 Packung Topfen, Magerstufe (250 g)
➤ 200 g Weizen-Vollkornmehl
2 Eier
2 EL Rapsöl (20 g)
➤ ca. 30 g Zucker oder Honig

➤ ✗ Variante 1 glutenfreier Grieß, Variante 2 Austauschmehl
➤ ✗ ca. 3 ml Süßstoff

Gewürztipp
Zitronenschale, Vanille, Zimt

Alle Zutaten in eine Schüssel geben, kräftig würzen und rasch vermengen. Mit einem Löffel Nocken ausstechen (Var. 1) oder mit der Hand (Var. 2) bleistiftdicke Nudeln formen. Im Dampfgarer bei 90 °C oder im Dünsteinsatz des Kochtopfs über Dampf ca. 30 Min. garen.

Beilagentipp
Beerensauce, z. B. 1 kg Erdbeeren, 1 Schuss Zitronensaft und ca. 30 g Zucker oder 3 ml Süßstoff vermischen und pürieren.

Variante 1 pro Portion

kJ	kcal	Eiweiß (g)	Fett (g)	KH (g)	BE
774	185	14	3	24	2
647	154	14	3	17	1,4

Variante 2 pro Portion

kJ	kcal	Eiweiß (g)	Fett (g)	KH (g)	BE
1324	316	18	9	41	3,4
1197	286	18	9	33	2,8

Zitronen-Topfennudeln aus dem Backrohr *4 Portionen*

Sauce
⅛ l Milch (125 g)
➤ gut 3 EL Zucker (50 g)
10 Zitronenmelissenblätter, gehackt
oder im Ganzen

Masse
2 Freilandeier
2 Packungen Magertopfen (500 g)
➤ gut 5 gehäufte EL Weizen-Vollkornmehl (80 g)
➤ 1 gut gehäufter EL Weizengrieß
   (20 g)
➤ gut 3 EL Zucker (50 g)
Schale und Saft 1 Bio-Zitrone

200 g Himbeeren oder Brombeeren,
frisch oder gefroren

eine flache ofenfeste Form mit Deckel;
Form mit 1 TL Rapsöl dünn auspinseln

Beilagentipp
Süße Sauce, z. B. Vanillesauce, Rosen-
blättersauce …
Kompott, Obstsalat

➤✂ Sauce: Anstatt 50 g Zucker,
    4 ml Süßstoff und 10 g Zucker
    (= 1 gestrichener Esslöffel)
    Masse: Anstatt Zucker 5 ml Zi-
    tronensüßstoff lt. Rezept S. 230
➤✂ Anstatt Weizen-Vollkornmehl
    Austauschmehl, anstatt
    Weizengrieß Austauschgrieß
    verwenden

Sauce
Milch in die Ofenform gießen. Zucker und Zitronenmelissenblätter darüberstreuen.

Masse
Alle Zutaten verrühren.
Mit zwei Esslöffeln Nockerl – wie Grießnockerl –
ausstechen und dicht nebeneinander in die Form
schlichten.

Mit den Himbeeren bestreuen.

Zudecken und bei ca. 170 °C ca. 30 Min. garen
lassen. Für eine schöne Bräunung öffnen Sie den
Deckel in den letzten 10 Min.

pro Portion

kJ	kcal	Eiweiß (g)	Fett (g)	KH (g)	BE
1468	3502	23	6	50	4.18
1086	259	23	6	28	2.31

> Mehr Saft aus der Zitrone pressen <

Nutzen Sie Ihre saftigen
Zitronen voll aus! Drük-
ken und rollen Sie die
Zitrone auf der Arbeits-
platte kräftig, bevor Sie
sie auseinander schnei-

den. Dadurch werden die Zellwände zerstört und es tritt beim
Auspressen der Zitronen mehr Saft aus.

Mohnnudeln aus Kartoffelteig *5 Portionen als Hauptspeise*

1 kg mehlige Kartoffeln, frisch
gedämpft oder vom Vortag
➤ 400 g Weizen-Vollkornmehl
1 Ei
Vanille, Zimt, Zitronenschale
1 Prise Salz
➤ 1 EL Zucker (15 g)

Salzwasser zum Kochen
Auf 1 l Wasser 1 gestrichener TL Salz

Zum Ausfertigen
40 g Butter
100 g Mohn
➤ ca. 1 EL Zucker (15 g)

Beilagentipp
Himbeersauce, Erdbeersauce, Obstmus,
Kompott

Variante: Statt Mohn 100 g Nüsse,
geröstet, gehackt oder gemahlen,
verwenden.

➤ ✗ Ersetzen Sie das Weizen-Voll-
     kornmehl durch Austau-
     schmehl
➤ ✗ Anstatt Zucker im Teig 2 ml
     Süßstoff, anstatt Zucker
     zum Bestreuen Streusüße
     verwenden

Kartoffeln vorbereiten
Sie können entweder rohe Kartoffeln frisch
dämpfen und noch heiß durch eine
Kartoffelpresse drücken oder gegarte Kartoffeln
vom Vortag verwenden, die Sie **sehr** fein reiben.

Kartoffelteig
Kartoffeln mit den restlichen Zutaten vermischen,
kräftig würzen und **rasch** zu einem glatten Teig
verkneten. Zu langes Kneten macht den Teig zäh!

Den Teig 10 Min. ohne Zudecken bei Zimmertemperatur nachquellen lassen.

Einen großen Topf mit Salzwasser vorbereiten.
Das Wasser soll leicht wallend kochen.

Den Teig zu Schupfnudeln formen und im Wasser
ca. 3 Min. ziehen lassen (siehe „Das kleine
Knödel-Einmaleins" Seite 181 ff.).

Schupfnudeln mit einem Siebschöpfer herausnehmen, in ein Sieb geben und kurz abtropfen lassen. Butter in einer Pfanne schmelzen, Schupfnudeln darin schwenken. Mit Mohn und Zucker bestreuen und sofort servieren. Siehe Foto S. 193

pro Portion

kJ	kcal	Eiweiß (g)	Fett (g)	KH (g)	BE
2440	584	19	18	85	7.4
2339	559	19	18	79	6.9

Marillenknödel aus Kartoffelteig *15 Knödel*

1 kg mehlige Kartoffeln, frisch
gedämpft oder vom Vortag
➤ 400 g Weizen-Vollkornmehl
1 Ei
Vanille, Zimt, Zitronenschale
1 Prise Salz
➤ 1 EL Zucker (15 g)

Zum Füllen
15 kleine Marillen (ca. 1 kg)
➤ 8 Stück Würfelzucker, halbieren
    (ca. 30 g)

Zum Ausfertigen
100 g Brösel
➤ ca. 30 g Zucker
Zimt

Salzwasser zum Kochen
Auf 1 l Wasser 1 gestrichener TL Salz

➤ Ersetzen Sie das Weizen-Voll-
    kornmehl durch Austausch-
    mehl, Brösel durch glutenfreie
    Brösel
➤ Im Teig anstatt Zucker 2 ml
    Süßstoff verwenden, in die
    Mitte der entkernten Marillen
    je einen Spritzer Süßstoff ge-
    ben, zum Ausfertigen anstatt
    Zucker Streusüße verwenden

Kartoffeln vorbereiten
Sie können entweder rohe Kartoffeln frisch
dämpfen und noch heiß durch eine
Kartoffelpresse drücken oder gegarte Kartoffeln
vom Vortag verwenden, die Sie **sehr** fein reiben.

Kartoffelteig
Kartoffeln mit den restlichen Zutaten vermischen,
kräftig würzen und **rasch** zu einem glatten Teig
verkneten. Zu langes Kneten macht den Teig zäh!

Den Teig 10 Min. ohne Zudecken bei Zimmertemperatur nachquellen lassen.

Von den Marillen die Kerne mit dem Kochlöffel-
stiel herausdrücken und ½ Stück Würfelzucker
oder einen Spritzer Süßstoff in die Marille füllen.

Aus dem Teig eine ca. 5 cm dicke Rolle formen.
15 Stücke abschneiden. Jedes Stück nacheinander in der Hand flach drücken, je eine Marille
einlegen und mit dem Teig umhüllen.

Garen wie im „Kleinen Knödel-Einmaleins"
beschrieben, siehe Seite 181 ff.

Brösel vorbereiten (siehe Seite 203). Knödel in
den Bröseln wälzen.

pro Knödel

kJ	kcal	Eiweiß (g)	Fett (g)	KH (g)	BE
868	207	6	1	42	3.6
783	187	6	1	37	3.2

Marillenknödel aus Topfenteig *12 Knödel*

12 Marillen (750 g)

➤ 80 g Weizen-Vollkornmehl
➤ 100 g Weizen-Vollkorngrieß
➤ ca. 80 g Zucker
1 EL Rapsöl (10 g)
2 Packungen Topfen, Magerstufe (500 g)
1–2 Eier
Vanille, Zitronenschale, Zimt

Zum Wälzen

20 g hochwertige Butter
➤ 70 g Weizen-Vollkornbrösel
➤ ca. 40 g Zucker
Zimt

Beilagentipp

Kompott, Fruchtsauce, Obstmus

➤ Ersetzen Sie das Weizen-Voll-kornmehl durch Austausch-mehl, Weizen-Vollkorngrieß durch glutenfreien Grieß oder notfalls sehr feinen Maisgrieß, Weizen-Vollkornbrösel durch glutenfreie Brösel
➤ 8 ml Süßstoff, Streusüße zum Bestreuen oder den Teig mit etwas mehr Süßstoff süßen

Alle Zutaten mit den Gewürzen vermengen. Jede Marille mit Teig ummanteln. Knödel im Dampfgarer bei 100 °C ca. 20 Min. oder in leicht wallendem Salzwasser ca. 30 Min. garen.

In Bröseln wälzen und mit Zimt und Zucker bestreuen.

pro Knödel

kJ	kcal	Eiweiß (g)	Fett (g)	KH (g)	BE
816	194	9	3	31	2,6
646	154	9	3	21	1,8

> Brösel vorbereiten <

Brösel ohne Fett in einer unbeschichteten Pfanne rösten. Sobald die Brösel leicht Farbe annehmen vom Herd nehmen. Immer wieder umrühren, da die Brösel in der Pfanne noch ein paar Minuten nachbräunen. Falls die Brösel zu dunkel werden sofort aus der Pfanne geben. Brösel mit Zimt und Zucker oder Streusüße würzen.

> Tipp <

Anstelle von Marillen können bei beiden Knödelvarianten auch Erdbeeren, Zwetschken, Kirschen oder halbierte Äpfel und Birnen verwendet werden.

Apfelnocken – Sportlervariante *Je 2 Nocken*

Variante 1: mit Buchweizen
70 g Apfel, mit Schale raspeln
1 EL Buchweizenmehl (16 g)

Variante 2: mit Hirse
70 g Apfel, mit Schale raspeln
1 EL Hirsemehl (15 g)

Variante 3: mit Weizen
70 g Apfel, mit Schale raspeln
1 EL Weizen-Vollkornmehl (16 g)

Zum Braten
1 TL Rapsöl (5 g)
½ TL Butter (5 g)

evtl. mit Zimt und ➤ Zucker bestreuen

Gewürztipp
Siehe Gewürze für Süßes S. 194

Beilagentipp
Preiselbeerkompott, Vanillesauce

➤ ✂ Variante 3 durch Austauschmehl ersetzen
➤ ✂ Nach Bedarf Süßstoff hinzufügen, evtl. mit Streusüße bestreuen

Apfel mit dem jeweiligen Mehl vermischen und mit der Hand „verkneten", sodass ein wenig Saft austritt. Buchweizenmehl bindet den Teig sehr gut, Hirsemehl gar nicht und Weizenmehl durchschnittlich. Alle Nocken werden aber durch das Braten fest.

Mit einem Löffel zwei Nocken ausstechen und in heißes Öl geben. Sehr flach drücken und zugedeckt knusprig braten. Umdrehen und ohne Deckel auf der zweiten Seite knusprig braten.

Beim Braten wird das Pektin aus dem Apfel frei und bewirkt, dass die Nocken zusammenhalten.

Mit Zimt und Zucker oder Streusüße bestreuen.

1 Nocke ohne Bratfett ⊗

	kJ	kcal	Eiweiß (g)	Fett (g)	KH (g)	BE
Variante 1	359	86	1	5	10	0,8
Variante 2	356	85	1	5	9	0,8
Variante 3	350	84	1	5	9	0,8
Variante 3	355	85	1	5	8	0,7
Bratfett	338	81	0	9	0	0

> Tipp <

Dieses Gericht eignet sich aufgrund des hohen Kohlenhydratanteils und der leichten Verdaulichkeit vorzüglich vor einer sportlichen Tätigkeit.

Preiselbeer- oder Apfellaibchen   4 Portionen

300 ml Milch (300 g)

ca. 100 ml Mineralwasser (100 g)

➤ 250 g Weizen-Vollkornmehl

➤ 80 g Zucker

3 Eier

800 g Preiselbeeren, frisch oder gefroren

oder 800 g Äpfel, mit Schale raspeln

Bei der Zubereitung in der Pfanne 2 EL Rapsöl (20 g) zum Braten

Gewürztipp
Siehe Gewürze für Süßes S. 194

Beilagentipp
Süße Saucen, z. B. Vanillesauce, Kompott, kalte Fruchtsauce, Obstmus

➤  Austauschmehl

➤ 8 ml Süßstoff

> **Tipp <**

Der Teig wird besonders flaumig, wenn Sie die Eier zum Schluss rasch untermengen.

Alle Zutaten der Reihe nach vermengen. Kräftig würzen! Der Teig ist sehr weich, zieht aber beim Backen nach.

Obst untermengen.

Zubereitung im Dampfgarer
Häufchen auf einen ungelochten Dampfgareinsatz geben und im Dampf bei 100 °C ca. 15–30 Min. garen.

Zubereitung in der Pfanne
Mit einem Löffel gut messerrückendicke Teighäufchen in das heiße Öl geben und zugedeckt so lange braten, bis die Unterseite knusprig ist, umdrehen und ohne Deckel fertig braten.

Preiselbeerlaibchen pro Portion (ohne Öl berechnet)

kJ	kcal	Eiweiß (g)	Fett (g)	KH (g)	BE
1926	460	15	9	76	6,3
1587	380	15	9	56	4,7

Apfellaibchen pro Portion (ohne Öl berechnet)

	kJ	kcal	Eiweiß (g)	Fett (g)	KH (g)	BE
	2036	486	15	9	85	7
	1697	405	15	9	65	5,4
2 EL ÖL	733	175	0	20	0	0

Hafer-Heidelbeer-Nocken *8 Stück*

800 g Heidelbeeren, tiefgekühlt,
aufgetaut, Saft nicht wegschütten
➤ 100 g Haferkleie
1 Ei
Vanille
➤ 1 EL Zucker (15 g)

2 EL Rapsöl zum Braten (20 g)

Beilagentipp
Vanillesauce

➤ Anstatt 100 g Haferkleie
ca. 120 g Austauschmehl
verwenden
➤ 4 g Süßstoff verwenden

Alle Zutaten verrühren. Zugedeckt im Kühlschrank über Nacht ziehen lassen. Ist die Masse
zu weich, etwas Mehl untermengen.

Öl erhitzen. Mit einem Löffel kleine Häufchen in
das Öl setzen. Zugedeckt braten. Umdrehen und
ohne Deckel auf der zweiten Seite braten.

Entweder mit Vanillesauce servieren oder eine
Sauce zubereiten.

Saucen-Zubereitung:
Alle gebratenen Nocken noch einmal in die
Pfanne geben, mit 1 Tasse Wasser aufgießen und
einkochen lassen. Evtl. Zucker oder Süßstoff hinzufügen.

pro Stück

kJ	kcal	Eiweiß (g)	Fett (g)	KH (g)	BE
526	126	3	5	16	1.3
494	118	3	5	14	1.2

Süßes Maiskoch

4 Portionen

1 TL hochwertige Butter (10 g)
1 ½ l Milch (1500 g)
½ l Wasser (500 g)
160 g Maismehl
1 Miniprise Salz

Zum Veredeln:
400 g Himbeeren oder anderes Obst,
z. B. Kirschen

Zum Bestreuen
Zimt und ➤ 20 g Zucker

Beilagentipp
Preiselbeerkompott

➤ ✂ 2 ml flüssiger Süßstoff

Butter in einer Pfanne mit hohem Rand erhitzen.
Milch hinzufügen und aufkochen. Maismehl mit
dem Wasser verrühren und unter Rühren
einkochen. Leicht köcheln lassen, dabei immer
wieder umrühren. Es bildet sich am Boden eine
wohlschmeckende Kruste, die in Tirol „Prinze"
genannt wird.

Vom Herd nehmen, Obst untermengen und mit
Zimt und Zucker oder Süßstoff unterrühren.

pro Portion ⊗

kJ	kcal	Eiweiß (g)	Fett (g)	KH (g)	BE
1865	444	17	17	54	4,5
1780	424	17	17	49	4,1

> Es klumpt? <

Sie haben zu wenig gerührt,
macht aber nichts. Pürieren Sie
die Masse einmal durch, bevor
Sie das Obst hineingeben und Ihr
Koch schmeckt zart cremig.

Vanillecreme, Schokocreme, Kaffeecreme *4 Portionen*

➤ 250 g Vanillepudding hausgemacht (siehe Foto S. 209) oder 1 Becher Dany & Sahne Vanille (200 g)

½ Becher Naturjogurt (125 g)

½ Pkg. Magertopfen (125 g)

➤ ca. 60 g Zucker oder Honig

Zitronenschale und -saft

Vanille

Verfeinern Sie die Creme mit frischen Früchten oder Tiefkühlbeeren.

➤ ✂ Pudding mit Süßstoff zubereitet oder Dany & Sahne Diät, 6 ml Süßstoff

Alle Zutaten kräftig verrühren.

Obst unterheben.

Hausgemachter Vanillepudding

200 ml (200 g) Milch aufkochen, 30 ml (30 g) Milch mit 20 g Maisstärke und Vanille vermischen. In die kochende Milch einrühren. Unter Rühren aufkochen, bis der Pudding blubbert. Anstatt Maisstärke und Vanille können Sie auch ½ Pkg. Vanillepuddingpulver verwenden.

Schokopudding

Anstatt Vanille 1 TL Kakaopulver verwenden. Oder anstatt Vanille Schokopuddingpulver.

Kaffeepudding

Wie Vanillepudding nur anstatt 200 ml Milch 100 ml Milch und 100 ml starken schwarzen Kaffee verwenden.

pro Portion ⊗

kJ	kcal	Eiweiß (g)	Fett (g)	KH (g)	BE
657	157	7	3	25	2
403	96	7	3	10	0,8

Foto rechts: Vanillecreme mit Erdbeeren

Hirsecreme

6 Portionen

½ l Milch (500 g)
100 g Hirse
200 g Erdbeeren oder andere Früchte
1 Becher Naturjogurt (250 g)
➤ 3 EL Zucker oder Honig (45 g)
Zimt, Zitronenschale, Vanille

Zum Garnieren
Minzeblätter, Erdbeeren

➤  5 ml Süßstoff

Milch aufkochen lassen, Hirse einrühren und weich garen, dabei nach Bedarf Wasser nachgießen.

Abkühlen lassen und kräftig durchrühren.

Restliche Zutaten untermengen.

pro Portion ⊗

kJ	kcal	Eiweiß (g)	Fett (g)	KH (g)	BE
760	182	6	5	26	2,2
633	152	6	5	19	1,6

Maiscreme mit Preiselbeeren 6 Portionen

½ l Milch (500 g)
80 g Maismehl

½ Becher Naturjogurt (125 g)
½ Becher Topfen (125 g)
Gewürze nach Belieben
➤ ca. 40 g Zucker

➤ ca. 50 g Preiselbeermarmelade

➤✂ 4 ml Süßstoff, Preiselbeermarmelade lt. Rezept auf
  S. 214

⅔ der Milch aufkochen. Restliche Milch mit dem Maismehl verrühren. Unter Rühren aufkochen lassen, 5 Min. blubbernd kochen lassen, dabei ständig umrühren, sonst brennt es an.

Vom Herd nehmen und zugedeckt über Nacht ausquellen lassen. Kräftig durchrühren.

Mit den restlichen Zutaten vermengen. Abwechselnd mit Preiselbeeren oder anderer Marmelade in ein Glas schlichten.

pro Portion ⊗

kJ	kcal	Eiweiß (g)	Fett (g)	KH (g)	BE
696	167	7	4	26	2,1
582	140	7	4	19	1,6

Hollermandl (Holunderkompott) *4 Portionen*

Ca. 1 l Wasser
800 g Holunderbeeren
➤ ca. 80 g Zucker

Wasser aufkochen und die restlichen Zutaten hinzufügen. Aufkochen und ca. 15 Min. zugedeckt köcheln lassen.

Gewürztipp
Zimtrinde, Zitronenschale, Nelken,
Vanille, Zitronenmelisse

➤  8 ml Süßstoff

pro Portion

kJ	kcal	Eiweiß (g)	Fett (g)	KH (g)	BE
737	177	5	1	35	2,9
398	96	5	1	15	1,2

Hollermandl (links oben), Apfelmus (Mitte), Beerensauce (rechts oben),
Vanillesauce (links unten), Preiselbeermarmelade (rechts unten)

Kompott

4 Portionen

Ca. 1 l Wasser
600 g Obst
➤ ca. 40 g Zucker

Gewürztipp
Zimtrinde, Zitronenschale, Nelken,
Vanille, Zitronenmelisse

➤✂ 4 ml Süßstoff

Wasser aufkochen und die restlichen Zutaten hinzufügen. Aufkochen und so lange zugedeckt köcheln lassen, bis das Obst halbweich ist. Evtl. Wasser nachgießen.

pro Portion

kJ	kcal	Eiweiß (g)	Fett (g)	KH (g)	BE
495	119	1	1	27	2,3
326	78	1	1	17	1,4

> Gewürze in Kompott und Marmeladen <

Geben Sie die Gewürze in ein Gewürz- oder Tee-Ei, so entfällt das lästige Gewürze- Heraussuchen nach dem Garen.

Obstmus/Apfelmus

4 Portionen   (siehe Foto S. 211)

½ l Wasser (500 g)
600 g Obst, z. B. Äpfel
➤ ca. 40 g Zucker

Gewürztipp
Zimtrinde, Zitronenschale, Nelken, Vanille, Zitronenmelisse

➤✂ 4 ml Süßstoff

Wasser aufkochen und die restlichen Zutaten hinzufügen. Aufkochen und so lange zugedeckt köcheln lassen, bis das Obst weich ist. Evtl. Wasser nachgießen. Gewürze herausnehmen und pürieren.

pro Portion

kJ	kcal	Eiweiß (g)	Fett (g)	KH (g)	BE
495	119	1	1	27	2,3
326	78	1	1	17	1,4

Beerensauce

4 Portionen   (siehe Foto S. 211)

600 g Beeren, z. B. Himbeeren
➤ ca. 40 g Zucker

Gewürztipp
Zimtrinde, Zitronenschale, Nelken,
Vanille, Zitronenmelisse

➤  4 ml Süßstoff

Alle Zutaten pürieren.

pro Portion

kJ	kcal	Eiweiß (g)	Fett (g)	KH (g)	BE
406	97	1	0	20	1,6
236	56	1	0	10	0,8

Beerengrütze

4 Portionen

¼ l Wasser (250 g)
Zimt, Zitronenschale, Vanille
knapp ⅓ Pkg. Vanillepuddingpulver
(15 g)
400 g gemischte Beeren, frisch oder
tiefgekühlt
➤ 1½ EL Zucker (ca. 20 g)

➤ Anstatt Zucker nach der Zubereitung Süßstoff hinzufügen

⅔ des Wassers mit den Gewürzen aufkochen.
Das restliche Wasser mit dem
Vanillepuddingpulver verrühren und unter Rühren
in das Gewürzwasser einkochen. Beeren hinzufügen und unter Rühren 1 x aufkochen. Süßen.

pro Portion

kJ	kcal	Eiweiß (g)	Fett (g)	KH (g)	BE
442	106	0.7	0.3	24	2.00
357	85	0.7	0.3	19	1.6

Beerenmarmelade – Basisrezept

1 kg Preiselbeeren oder andere Beeren
500 ml Wasser
➤ 1 Pkg. Gelierzucker 3:1

➤✂ Gelierpulver 3:1 und 20 ml
Süßstoff, Süßstoff erst nach
dem Kochen hinzufügen,
sonst geht ein Teil der Süßkraft verloren

Alle Zutaten verrühren und unter Rühren
aufkochen. Ca. 4 Min. sprudelnd kochen. In saubere Schraubverschlussgläser leeren und randvoll
anfüllen, verschließen und auf dem Deckel stehend lagern.

Gesamtmenge

kJ	kcal	Eiweiß (g)	Fett (g)	KH (g)	BE
6612	1566	3	5	363	30,2
1983	475	3	5	90	7,5

> Tipp <

Durch das Auf-den-Kopf-Stellen gelangt keine Luft in das
Marmeladenglas, die Marmelade schimmelt nicht und trocknet
auch nicht aus. Erinnern Sie sich, eine Farbdose wird auch auf
den Kopf gestellt, damit die Farbe nicht austrocknet.
Bewahren Sie angebrochene Gläser im Kühlschrank auf.

Preiselbeermarmelade

(siehe Foto S. 211)

1 kg Preiselbeeren
1 l Wasser
➤ 1 Pkg. Gelierzucker 3:1

➤✂ Gelierpulver 3:1 und 20 ml
Süßstoff, Süßstoff erst nach
dem Kochen hinzufügen,
sonst geht ein Teil der Süßkraft verloren

Alle Zutaten verrühren und unter Rühren
aufkochen. Ca. 4 Min. sprudelnd kochen. In saubere Schraubverschlussgläser leeren und randvoll
anfüllen, verschließen und auf dem Deckel stehend lagern.

Gesamtmenge

kJ	kcal	Eiweiß (g)	Fett (g)	KH (g)	BE
6612	1566	3	5	363	30,2
1983	475	3	5	90	7,5

Bratapfel mit Preiselbeermarmelade

1 Portion als Frühstück oder Jause

1 Apfel (150 g)

1 EL Preiselbeermarmelade (25 g)

evtl. Zimt oder Vanille zum Verfeinern
der Marmelade

➤ ✂ Preiselbeermarmelade
von S. 214

Vom Apfel mit einem Kernhausausstecher das
Kerngehäuse entfernen. Apfel in eine ofenfeste
Tasse oder Form stellen. Das Loch mit Marmelade,
die evtl. mit Gewürzen verfeinert wurde, füllen.

Den Apfel in das Backrohr stellen und bei 160 °C
backen. Wer den Apfel mit Biss mag, ist mit ca.
20 Min. dabei, wer das Fruchtfleisch wie Mus
herauslöffeln möchte, muss ca. 40 Min. warten.

pro Portion

kJ	kcal	Eiweiß (g)	Fett (g)	KH (g)	BE
620	149	1	1	34	2.87
386	93	1	1	19	1,68

Marillenmarmelade

Wasser
500 g Gelierzucker 3:1
1500 g Marillen, entkernen, grob würfelig schneiden

Wasser ½ cm hoch in einen Topf füllen. Marillen und Gelierzucker hinzufügen und gut verrühren. Unter Rühren aufkochen und ca. 6 Min. sprudelnd kochen lassen. Dabei immer wieder umrühren, sonst brennt die Marmelade an. Die Marmelade sofort in sauber ausgewaschene Marmeladen-Schraubverschlussgläser füllen. Umdrehen und auf dem Deckel stehend lagern.

Gesamtmenge

kJ	kcal	Eiweiß (g)	Fett (g)	KH (g)	BE
10975	2590	14	1,5	615	51,2

> Marmelade-Zubereitungstipps <

➤ Kochen Sie die Deckel der Gläser im Kochtopf oder Wasserkocher für ca. 2 Min. aus.

➤ Gezuckerte Marmelade wird intensiver orange, da der Zucker karamellisiert und dadurch die Marmelade dunkler färbt. Ungezuckerte Marmelade können Sie mit dunklen Früchten „färben", z. B. mit schwarzen Johannisbeeren. Einfach ein paar Beeren mitkochen.

➤ 1 kleiner Tropfen Öl verhindert das starke Schäumen und Überkochen. In vielen Geliermitteln ist von Haus aus schon eine geringe Menge Fett enthalten, d. h., das zusätzliches Öl ist nicht mehr nötig.

➤ Einsiedehilfe? Nein! – Unnötig und ungesund!

➤ Lagern Sie Ihre Marmeladen in Schraubverschlussgläsern auf dem Deckel stehend, das spart jedes Konservierungsmittel!

Diabetiker-Marillenmarmelade

Marmelade

Wasser

1½ kg Marillen, entkernen, grob
würfelig schneiden

25 g Geliermittel 3:1

12 g Vanillesüßstoff

Vanillesüßstoff:

1 Vanilleschote, aufschlitzen

1 Flasche Süßstoff mit
Schraubverschluss

Marmelade

Wasser 1 cm hoch in den Topf füllen. Marillen und Geliermittel dazugeben und gut verrühren. Unter Rühren aufkochen und ca. 4–6 Min. stark sprudelnd und unter Rühren kochen lassen. Vom Herd nehmen, den Süßstoff unterrühren und die Marmelade sofort in sauber ausgewaschene Marmeladen-Schraubverschlussgläser füllen. Umdrehen und auf dem Deckel stehend lagern.

Vanillesüßstoff

Aufgeschlitzte Vanilleschote in die Süßstoffflasche stecken, auf den Küchenschrank stellen und 4 Wochen ziehen lassen.

Gesamtmenge

kJ	kcal	Eiweiß (g)	Fett (g)	KH (g)	BE
3143	745	13	1.5	147	12.25

Süße Saucen

4 Portionen   *(siehe Foto S. 211)*

Grundrezept
500 ml Milch (500 g)
➤ 2 EL Zucker (30 g)

Variante 1: 15 g Maisstärke
Variante 2: 20 g Maismehl
Variante 3: 4 Messbecher Johannis-
brotkernmehl (4 g)

Geschmackszutaten
z. B. Vanille, Zitronenschale,
Lebkuchengewürz, Zimt, Kokosflocken,
Kakao, Zitronenmelisse, Malvenblätter
oder Rosenblätter

➤✂ Ca. 3 ml Süßstoff, Süßstoff
erst nach dem Kochen hinzufügen, da sonst ein Teil der
Süßkraft verloren gehen kann

Variante 1 und 2

¾ der Milch mit den Geschmackszutaten und
dem Zucker aufkochen, Maisstärke oder Maismehl mit der restlichen Milch verrühren und unter
Rühren in die heiße Milch einkochen. so lange
kochen, bis es blubbert.

Variante 3

Gesamte Milch, Geschmackszutaten und Zucker
aufkochen, vom Herd nehmen, Johannisbrotkernmehl unterrühren, unter Rühren aufkochen.

Variante 1 pro Portion   ⊗

kJ	kcal	Eiweiß (g)	Fett (g)	KH (g)	BE
530	127	4	5	17	1,4
403	97	4	5	9	0,8

Variante 2 pro Portion   ⊗

kJ	kcal	Eiweiß (g)	Fett (g)	KH (g)	BE
549	132	5	5	17	1,4
422	101	5	5	10	0,8

Variante 3 pro Portion   ⊗

kJ	kcal	Eiweiß (g)	Fett (g)	KH (g)	BE
476	114	4	5	13	1,1
349	84	4	5	6	0,5

Anhang

➤ *Diabetes mellitus*
➤ *Weizenallergie, Zöliakie, einheimische Sprue*
➤ *Maßeinheiten*

Diabetes mellitus

Was ist „Diabetes mellitus"?

Bei Diabetes mellitus, umgangssprachlich „Zuckerkrankheit" genannt, wird der Zucker aus dem Blut nicht richtig verwertet. Das alte Märchen, dass das Zuckeressen schuld an der „Zuckerkrankheit" sei, ist zum Glück passé. Ursachen und Ausprägungen der Erkrankung sind äußerst unterschiedlich. Je nach Diabetesform gibt es unterschiedliche Therapien. Da sehr viele Menschen an Diabetes mellitus erkranken, wird entsprechend viel geforscht. Wissenschaftler gehen davon aus, dass in ca. 20 Jahren der Weg in Richtung Heilung gegangen wird.

Die beste Therapie liegt in einer ausgeglichenen Lebensweise, und – wenn nötig – ergänzend dazu Tabletten oder Insulin. Also: Essen Sie gesund, achten Sie auf Ihr Gewicht, betreiben Sie Sport und gönnen Sie sich geistige Entspannung.

Hat jeder Mensch Zucker im Blut?

Ja! Ohne Zucker im Blut würden Sie sterben. Der Blutzucker ist z. B. für die Energieversorgung des Gehirns notwendig.

Wie kommt der Zucker in das Blut?

Zucker- und stärkereiche Lebensmittel, in der Fachsprache Kohlenhydrate genannt, werden bei der Verdauung zu Zuckerbausteinen gespalten und in das Blut geschleust. Je leichter sich der Zucker verdauen lässt, desto schneller fließt er in das Blut. Für Diabetiker ist es wichtig, dass der Zucker **sehr langsam** in das Blut gleitet, damit der Körper, evtl. unterstützt durch Medikamente, mit der Einschleusung in die Körperzellen nachkommt.

Welche Lebensmittel enthalten Zucker oder Stärke, also Kohlenhydrate?

➤ **Reine Zucker** sind z. B. Haushaltszucker, Traubenzucker, Fruchtzucker, Honig, Apfeldicksaft, Birnendicksaft, Ahornsirup, Traubenfruchtsüße, Rohrzucker, Braunzucker und Vollrohrzucker.

➤ **Zucker- und/oder stärkereiche Produkte** sind z. B. Getreide und alle Produkte daraus, also Brot, egal ob Vollkorn oder Weißbrot, Nudeln, Reis, Knödel, Polenta, Hirse, Kuchen, Gebäck, Erdmandeln, Pudding, Braunhirse, Obst, bestimmte Gemüsesorten, flüssige Milchprodukte, z. B. Milch, Jogurt, Sauermilch, Buttermilch, Kefir oder Molke, Kartoffeln, Hülsenfrüchte, z. B. Erbsen, Bohnen, Linsen, Marmelade, Limonaden und Säfte.

Wie können Sie das langsame Hineingleiten des Zuckers unterstützen?

Stellen Sie sich ein Weihnachtspaket vor. Je öfter das Paket mit Papier umwickelt ist und je fester die Bänder zugeschnürt sind, umso länger müssen Sie auspacken. Genauso funktioniert die Zucker- und Stärkeverdauung. Je mehr der Zucker umhüllt ist und je fester die „Verstrickung" der einzelnen Zuckerbausteine, desto langsamer die Verdauung und infolge der Blutzuckeranstieg und desto gesünder für den Diabetiker. Weißbrot schießt zum Beispiel in das Blut, Vollkornbrot gleitet.

Welche Zucker- und stärkereiche Lebensmittel schießen ins Blut?

Zum Beispiel alle reinen Zucker wie oben aufgelistet, Gummibärchen, Bonbons, Marsh Mallows, Zuckerwatte, Baiser, Sirup, Säfte, egal ob frisch gepresst, aus der Packung oder 100 % naturrein ohne Zuckerzusatz, gezuckerte Limonaden, Trocken- und kandierte Früchte sowie stärkehältige Lebensmittel, die im Mund allein durch das Kauen schon süß werden, z. B. Pudding, Zwieback, Biskuit oder Weißbrot. Flüssiges, Suppe, weiches und breiig Gekochtes schießt ebenfalls ins Blut, z. B. Karottenpüreesuppe, weich gekochte Nudeln oder Polentabrei.

> **Von Lebensmitteln, die in das Blut schießen, essen Sie, wenn überhaupt, am besten nur Bettlermengen.**

Welche Zucker- und stärkereiche Lebensmittel gleiten ins Blut?

Faustregel: Alle Lebensmittel, die roh, grob, fasrig oder knackig sind, von Vollkornbrot bis zum rohen Gemüse gleiten in das Blut. Sehr Fettreiches verringert zwar kurzfristig den Blutzuckeranstieg, verschlechtert aber langfristig die Insulinwirkung.

Was geschieht mit dem Zucker im Blut?

Das Hormon Insulin sperrt, salopp ausgedrückt, die Körperzellen auf und lässt den Zucker aus dem Blut in die Körperzellen. Dort wird der Zucker verbrannt, und es entsteht Energie. Wenn das Hormon Insulin fehlt, nicht richtig wirken kann oder die Körperzellen den Zucker nur schwer durchlassen, bleibt der Zucker im Blut, der Blutzuckerspiegel steigt, während gleichzeitig die Körperzellen „verhungern", Sie also energielos werden.

Zucker und Stärke, also Kohlenhydrate weglassen, und alles ist geregelt?

So einfach geht es leider nicht. Viele lebensnotwendige Lebensmittel enthalten eine Form von Zucker, z. B. Vollkornbrot, Obst, Gemüse und Milch. Ohne diese Lebensmittel ist ein gesundes Essen nicht möglich.

So berechnen Sie Ihren BE-Bedarf

Folgende Daumenregel dient für **normalgewichtige** Erwachsene zur Orientierung.

> **Körpergewicht x 32 = Tageskalorienbedarf**
> **Davon die letzten zwei Stellen abziehen**
> **Ergibt den maximalen Tages-BE-Bedarf**

Beispiel:
Sie wiegen 62 kg bei einer Größe von 168 cm, sind also normalgewichtig.
63 kg x 32 = 2016 kcal Tagesenergiebedarf
Davon die letzten beiden Stellen abziehen
Ergibt einen maximalen Tages-BE-Bedarf von 20 BE. Vorausgesetzt, Sie essen gesund. Sportler benötigen natürlich mehr Energie, d. h. mehr BEs. Wenn Sie übergewichtig sind, gelten eigene Kriterien. Sprechen Sie mit Ihrem Facharzt und Ihrem Diaetologen darüber.

Können Sie als Diabetiker gewöhnlichen Haushaltszucker essen?

Ja, Sie können, **aber**
nur in kleinen Mengen **und**
nur „verpackt" in Gerichten, z. B. in einem „gesunden" Kuchen mit Vollkornmehl,

Obst und einer Mischung aus wenig Zucker und Süßstoff **und**
nicht in gelöster Form in Getränken, z. B. in Limonade, Kaffee oder Tee,
da sonst Ihr Blutzuckerspiegel zu rasch ansteigt.

Broteinheiten (BE) und Kohlenhydrateinheiten (KHE)

Die Insulindosis oder Tablettendosis muss auf die Zucker- bzw. Stärkemenge,
also die Kohlenhydratmenge abgestimmt sein. Denn nur wenn der Zucker im Blut
steigt, ist Insulin nötig. Insulin ohne Zucker würde zu einem Abfall des Blutzucker-
spiegels und damit zu einem massiven Energieabfall bis hin zum Koma führen.
Damit Sie als Diabetiker nicht bei jedem Lebensmittel den Kohlenhydratgehalt
ausrechnen müssen, gibt es als Erleichterung die sogenannten BE- bzw.
KHE-Tabellen.

BE steht für Berechnungseinheit oder Broteinheit und entspricht einer Menge von
12 g Kohlenhydraten.

KHE steht für Kohlenhydrateinheit, ist die neuere, aber weniger gebräuchliche
Einheit und steht für 10 g Kohlenhydrate. Im Text wird aufgrund des Textflusses
nur die Bezeichnung BE verwendet.

Wo sind BE-Tabellen erhältlich?

BE- bzw. KHE-Tabellen erhalten Sie sowohl im Handel als auch bei Diabetologen,
Diaetologen und diversen Firmen, die Produkte für Diabetiker vertreiben.
Jede Tabelle kann nur ein Wegweiser sein. Hundertprozentige Genauigkeit dür-
fen Sie sich nicht erwarten. Der Grund dafür ist ganz einfach: Es handelt sich um
Lebensmittel, die natürlichen Schwankungen unterliegen. Je nach Sonnenstunden,
Reifezustand, Verarbeitung etc. schwankt der Kohlenhydratanteil teils beträchtlich.

An den folgenden Beispielen mit Äpfeln und Nudeln wird deutlich, dass es sich
bei den BEs nur um Richtwerte handeln kann.
Beispiel Apfel: 100 g Apfel entsprechen laut den gängigsten BE-Tabellen 1 BE,
aufgrund genauerer Untersuchungen konnte festgestellt werden, dass der tatsächliche BE-Gehalt zwischen rund 0,4 bis 2,8 BE pro 100 g schwankt. Wer jetzt
meint, der saure Apfel hätte weniger Zucker, der irrt. Der bekanntlich saure
Boskoop-Apfel z. B., enthält reichlich Zucker. Den sauren Geschmack verdankt er
dem hohen Fruchtsäureanteil. Eine Liste zum Zucker- und BE-Gehalt der Äpfel
finden Sie im Anhang dieses Kapitels.

Beispiel Nudeln: 50 g gekochte Nudeln entsprechen laut den gängigsten BE-Tabellen 1 BE. Es wird dabei angenommen, dass 15 g rohe Nudeln zu 50 g gekochten Nudeln aufquellen. Liebhaber von Al-dente-Nudeln sind davon weit entfernt. Machen Sie den Versuch. Kochen Sie 15 g rohe Nudeln so, dass Sie die für Sie genau richtige Konsistenz aufweisen. Legen Sie die gekochten Nudeln auf die Waage. Sie werden staunen. Von 25 g bis knapp 50 g ist alles möglich. Dementsprechend variiert der BE-Gehalt von gekochten Nudeln. Fatal kann diese Tatsache im Restaurant werden. Wenn Sie sich darauf verlassen, dass 50 g gekochte Nudeln der Menge von 1 BE entsprechen, sie z. B. 250 g Nudeln bestellen und nur für 5 BE Ihr Insulin dosieren, könnten es in Wahrheit fast 10 BE sein und Ihr Blutzucker steigt in schwindelerregende Höhen.

Deshalb mein Tipp: Wenn Sie unsicher sind, messen Sie öfters Ihren Blutzucker. Bei starken Schwankungen ist eine kontinuierliche Blutzuckermessung empfehlenswert. Das spezielle Gerät dafür können Sie bei Ihrem behandelnden Arzt ausleihen.

Pro Mahlzeit können oft nur bis maximal 7 BE mittels Insulin ausgeglichen werden. Mehlspeisen, Pizza, diverse Nudelgerichte, Lasagne … enthalten aber meist mehr als 7 BE. Wenn Sie die Mahlzeiten selbst zubereiten, können Sie bei manchen Gerichten anstatt Mehl auf BE-freie Bindemittel, wie Johannisbrotkernmehl (Nestargel® …) zurückgreifen, z. B. bei der Béchamelsauce für die Lasagne. Ansonsten bleibt Ihnen die Wahl zwischen einer kleineren Portion, dem Insulin nachspritzen oder Sport nach dem Essen.

Gemüsesuppen sind zwar laut BE-Tabelle BE-frei, da aber die Suppeneinlage meist sehr weich oder püriert ist bzw. der Gemüsesud kohlenhydratreich sein kann und die Flüssigkeit den Blutzuckeranstieg verstärkt, können größere Mengen an Suppen den Blutzuckerspiegel beeinflussen.

Bei **kohlenhydratarmen Mahlzeiten, d. h., wenn viel Fett und Eiweiß dabei ist,** muss ein höherer Insulinfaktor pro BE gewählt werden, da sonst der Blutzucker zu sehr ansteigen kann.

Essen – wie oft am Tag?

Kleine Portionen sind besser als große, da Ihr Körper, selbst wenn wenig Insulin zur Verfügung steht, kleine Portionen leichter abbauen kann. Eine Pause von 3 Stunden zwischen den Mahlzeiten wäre empfehlenswert, ist in der Praxis aber oft nicht durchführbar. Also wenn möglich kleine Portionen und verteilt über den Tag. Wenn das nicht möglich ist, größere Portionen und die Insulindosis perfekt anpassen.

Insulin

Wie schon erwähnt, ist das Hormon Insulin für die Zuckerverwertung im Körper notwendig. Ohne Insulin steigt der Blutzucker, während die Körperzellen am Hungertod nagen. Ein Leben ohne Insulin würde letztlich zum Tod führen.

Mehr Insulin, mehr krank?

Nein! Die Insulinmenge hängt von vielen Faktoren ab, z. B. von der Menge der gegessenen Kohlenhydrate, vom Alter und vom Körpergewicht.

Das Insulin wirkt nicht immer gleich

Egal ob Sie mit Ihrem körpereigenen Insulin auskommen oder Insulin spritzen. Die Wirkung des Insulins hängt von der Tageszeit ab. Mittags ist die Wirkung am besten, in der Früh am schlechtesten und am Abend mittelmäßig. Die morgendliche schlechte Insulinwirkung können Sie durch Sport ausgleichen. Zugegeben, Morgensport ist nicht jedermanns Sache, aber wenn Sie den Morgensport einmal lieb gewonnen haben, möchten Sie darauf nicht mehr verzichten. Wie viel Insulin Sie zu welcher Tageszeit spritzen müssen, erfahren Sie bei Ihrem behandelnden Arzt bzw. nach einiger Übung wissen Sie es selbst.

Blutzuckerspitzen gleich nach den Mahlzeiten trotz Insulin?

Vielleicht wirkt Ihr Insulin zu früh? Sprechen Sie mit Ihrem Arzt darüber.

Unterzucker, als „Hypo" bekannt – warum und was tun?

Wenn Insulindosis und Blutzuckerspiegel nicht zusammenpassen, d. h. die Insulindosis zu hoch ist, aus welchen Gründen auch immer, fällt der Blutzucker in einen Bereich ab, der gefährlich werden kann. Bei leichten Unterzuckerungen helfen Obst, z. B. Bananen oder Brot. Reicht dies nicht aus, lassen Traubenzucker, gezuckerte Limonaden oder Säfte den Blutzucker wieder ansteigen, evtl. in Verbindung mit einer Scheibe Brot, damit Ihr Blutzucker nicht gleich wieder nach unten rasselt.

✗ **Achtung!** Bewusstlosen Diabetikern darf nichts eingeflößt werden. Sprechen Sie mit Ihrem Arzt über die Notfalltherapie bei Unterzuckerungen, z. B. über die Injektion des Gegenhormons, und informieren Sie Ihre Familie und Freunde darüber, welche Maßnahmen Sie im Notfall ergreifen sollen. Infos zu Notfall-Ausweiskarten oder Anhänger erhalten Sie bei den Selbsthilfegruppen.

Lebensmittelkennzeichnung rund um den Zucker

Wo „–ose" draufsteht, ist Zucker drin

Wenn Sie auf einer Verpackung ein Wort mit der Silbe „-ose" lesen, ist Zucker enthalten. Zum Beispiel

Fruct**ose**	Fruchtzucker
Gluc**ose**	Traubenzucker
Gluc**ose**sirup	Traubenzucker in flüssiger Form
Galact**ose**	Schleimzucker
Sacchar**ose**	Mischung aus Frucht- und Traubenzucker, z. B. üblicher Haushaltszucker oder Honig
Lact**ose**	Milchzucker = Mischung aus Schleimzucker und Traubenzucker
Malt**ose**	Malzzucker

„Ohne Zusatz von Zucker (Saccharose)", „mit Traubenfruchtsüße", „ohne Kristallzuckerzusatz" – Ist Zucker enthalten oder nicht?

Meistens enthalten diese Produkte Zucker. Zum Beispiel anstatt Saccharose, was nichts anderes als Haushaltszucker ist, die Einzelbestandteile des Haushaltszuckers, nämlich Fruchtzucker und Traubenzucker. Traubenfruchtsüße ist eine Mischung u. a. aus Trauben- und Fruchtzucker.

100 % Saft ohne Zusatz von Zucker

Dieser Saft enthält reichlich Zucker, nämlich fruchteigenen Zucker, der den Blutzucker in die Höhe schießen lässt.

Diabetikerlebensmittel – Sinn oder Unsinn?

Diabetikerlebensmittel und Zuckeraustauschstoffe, wie z. B. Fruchtzucker oder Diabetikersüße, bringen keinen Vorteil. Einzig die Süßstoffe eignen sich als gute Alternative zum Süßen, da nahezu kalorienfrei. Früher in Verruf, haben sie heute aufgrund neuer unbedenklicher Produkte eine Renaissance erlebt. Von Streusüße über Tablettenform bis hin zur flüssigen Form, verpackt in Lebensmitteln, z. B. Essiggurken, Kaugummis oder Limonaden, sind Süßstoffe in der heutigen Zeit nicht mehr wegzudenken. Sogar Ketchup gibt es schon in der zuckerfreien Variante. Variieren Sie die einzelnen Süßstoffe, dann erreichen Sie von keinem die Grenze der Verträglichkeit.

Getränke – was ist sinnvoll?

Alle Getränke ohne Zuckeranteil sind für Sie empfehlenswert. Am besten Quellwasser, Mineralwasser und ungesüßte Tees. Aus Fruchttees, z. B. Apfelschalentee, kann Zucker herausgelöst werden. Mit Süßstoff gesüßte Limonaden bieten eine Abwechslung, wenn auch keine besonders gesunde. Da sie sehr süß sind, mischen Sie die Limonaden am besten halb halb mit Mineralwasser. Säfte, selbst wenn kein Zucker zugesetzt ist, enthalten reichlich fruchteigenen Zucker und sind daher nicht so ideal.

Warum erhöhen Säfte den Blutzucker so rasch?

Weil der Zucker in freier Form vorliegt und deshalb sehr schnell in das Blut schießen kann.

Die Sache mit dem Fett

Fettreiches Essen und Übergewicht sind *die* Teufel in Sachen Diabetes. Fett verschlechtert die Insulinwirkung und damit den Krankheitsverlauf. Wenn Sie übergewichtig sind, suchen Sie professionelle Hilfe auf. Nur so bekommen Sie Ihren Diabetes dauerhaft in den Griff. Sie sind normalgewichtig? Umso besser! Achten Sie, dass es so bleibt.

Zubereitungstipps für Diabetiker

1. Fett sparen

➤ **Fett** verschlechtert die Insulinwirkung!

➤ Wenn Fett, dann gesundes Fett, z. B. Olivenöl, Rapsöl oder Almbutter.

➤ Sparen Sie Fett, wo immer möglich! **Faustregel:** Sichtbare Fette um die Hälfte reduzieren, z. B. Butter für das Brot und Öl zum Anbraten. Fettreiche Lebensmittel, z. B. fetter Schweinbraten, nur hin und wieder als Gustostückerl genießen.

➤ Verwenden Sie 20 bis 50% weniger an Öl als in der Rezeptur an Butter oder Margarine angegeben ist. Ersetzen Sie einen Teil des Öls z. B. durch Sauerrahm, Naturjogurt oder Kefir.

2. Zucker sparen

➤ Verwenden Sie Zucker und alle „Zuckergeschwister", wie z. B. Honig oder Ahornsirup, nie solo, sondern wenn überhaupt, dann verpackt in einem Gericht, z. B. einem Kuchen.

✗ **Achtung!** Viele Lebensmittel sind zum Teil stark gezuckert, z. B. Fischkonserven, eingelegtes Gemüse, Tomatensauce, Fertiggerichte, Karottensalat oder Tomatensalat. In manchen Regionen werden Salatmarinaden gezuckert.

➤ Balsamico- und Apfelessig enthält oft zur Hälfte Trauben- bzw. Apfelsaft, der Ihren Blutzucker in die Höhe schnellen lässt, achten Sie beim Kauf auf zuckerfreie Sorten.

Zuckerersatz

Ausgangslebensmittel/Gericht	Ersatzlebensmittel
Ketchup, z. B. für Grillsaucen	Zuckerfreies Ketchup
	Tomatenmark + Süßstoff
	passierte Tomaten + Süßstoff
	gehackte frische Tomaten + Süßstoff
Schokolade, z. B. für Kuchen	Kakao + Süßstoff + evtl. Geliermittel + evtl. Topfen
	Kakao + Sauerrahm + Süßstoff + evtl. Geliermittel
	Pudding mit Kakaopulver
Süß-saure Gerichte, z. B. Asiaküche	mit Süßstoff zubereiten
Gesüßtes Kakaopulver, z. B. für Kakaogetränk	ungesüßtes Kakaopulver + Süßstoff

➤ Fertigmarinaden sind oft Zuckerbomben
➤ Viele Ketchupsorten bestehen zu rund 50 % aus Zucker
➤ Kuchen und Gebäck benötigen meist einen Zuckeranteil von rund 20%. D. h. die Gesamtmenge der Zutaten zusammenzählen, davon 20% ergibt die Zuckermenge. Sie können die Zuckermenge, je nach Teig, entweder komplett durch flüssigen Süßstoff ersetzen (10 g Zucker = 1 g Süßstoff) oder zu 50%; z. B. anstatt 100 g Zucker, 50 g Zucker und 5 g flüssigen Süßstoff

3. Vollkornmehl verwenden

Einfach das herkömmliche Mehl durch 10–20 % weniger an Vollkornmehl ersetzen. Zum Beispiel anstatt 100 g Mehl, 80–90 g Vollkornmehl.
✗ **Achtung!** Reiben Sie immer einen Apfel in den Kuchenteig, sonst schmeckt der Kuchen trocken.

Allgemeine Tipps

Das verzögert den Blutzuckeranstieg: Garen Sie kohlenhydratreiche Lebensmittel immer bissfest. Je weicher das Lebensmittel, umso schneller schießt der Zucker in das Blut, und das ist ungünstig!

Langsamer Blutzucker-Anstieg	Schneller Blutzucker-Anstieg
Nudeln al dente	Nudeln weich gekocht
Reis natur oder parboiled, körnig gekocht	weißer Reis, Naturreis oder parboiled Reis weich gekocht, Puffreis, Schnellkochreis
Karotten, Kürbis roh	Karotten, Kürbis gekocht, püriert
Brot frisch	Brot getoastet, Zwieback
Kartoffeln im Ganzen mit Schale	Kartoffelpüree, Kartoffelteig, Kartoffelknödel, Schupfnudeln …
Lebensmittel im Ganzen	gepresst, Püriertes, z. B. Gemüsepüree, Cremespeisen und Sorbets
Frisches Obst	Obstmus, Kompott
	weiche Aufläufe, z. B. Grießauflauf, Reisauflauf, weiches Gebäck, z. B. Buchteln

Fazit: Gesund leben, wenig, dafür ein gesundes Fett, am besten Öle, viele grobe, rohe und fasrige Lebensmittel und (fast) kein Zucker!

Wissenswertes zu den Rezepten aus diesem Buch

Austauschlebensmittel

Orientieren Sie sich an der **Farbe.** Tauschen Sie die **Zutaten dieser Farbe** aus dem Originalrezept mit den Zutaten aus der Angabe ✂ aus.

Sofern nichts anderes angegeben ist, entspricht die Menge des Austauschlebensmittels der Menge des Originallebensmittels. Zum Beispiel anstatt 100 g Marmelade, 100 g Preiselbeermarmelade lt. Rezept in diesem Buch. Ändert sich die Menge, ist das wie folgt angegeben.

Zum Beispiel: ➤ ✂ Anstatt 120 g Zucker 70 g Zucker und 5 g Süßstoff verwenden

Als Austauschlebensmittel wurden in diesem Buch folgende Lebensmittel verwendet:

Lebensmittel	Austauschlebensmittel
Zucker/Honig	flüssiger Gewürz-Süßstoff (siehe Zubereitungstipp unten) oder Gemisch aus Zucker und flüssigem Gewürz-Süßstoff, je nach Angabe
Trockenfrüchte	Frischobst
Marmelade	Beerenmarmelade oder Preiselbeermarmelade lt. Rezept auf Seite 214
Zucker zum Bestreuen	Streusüße oder mehr vom flüssigen Gewürz-Süßstoff in den Teig geben

Tipp: Verwenden Sie aus geschmacklichen Gründen zum Süßen anstatt „leerem" Süßstoff aus dem Handel nur Gewürz-Süßstoff, den Sie selbst sehr leicht herstellen können.

Zubereitungstipp: Gewürz-Süßstoff

Aromastoffe, z. B. 1 Vanilleschote, aufschlitzen, oder

2 EL Kaffeebohnen, grob hacken, oder

2 unbehandelte Zitronen, Orangen, Mandarinen oder Limetten, Fruchtschale abreiben, das Weiße unter der Schale nicht mitreiben, schmeckt bitter (**Achtung! Es dürfen nur Bio- oder unbehandelte Früchte verwendet werden!**), oder

3 EL gut getrocknete Kokosflocken oder

¼ Pkg. Lebkuchengewürz oder hausgemachtes Lebkuchengewürz oder

2 Zimtrinden

1 Flasche flüssiger Süßstoff (achten Sie beim Kauf auf Flaschen, die sich leicht aufschrauben lassen)

Aromastoff in die Süßstoffflasche geben und mindestens 3 Wochen ziehen lassen. Nicht abseihen.

Achtung! Kokossüßstoff neigt zur Schimmelbildung!

Nährwertangaben

Die entsprechenden Nährwertangaben finden Sie unter der gleichen Farbe. Bitte beachten Sie, dass es sich bei den Nährwertangaben nur um Richtwerte handeln kann. Je nach Anbauland, Bodenbeschaffenheit, Anbauweise, Sorte und vielen weiteren Kriterien schwankt der Nährwertanteil teils beträchtlich. Z. B. kann ein Apfel von 0,4 bis 2,8 BE pro 100 g enthalten. Demzufolge gibt es eine Vielzahl unterschiedlichster BE- und KHE-Tabellen mit teils widersprüchlichen Angaben. Orientieren Sie sich am besten nach Ihrer bisherigen Tabelle. Wenn Sie „Neuling" auf dem Gebiet sind, lassen Sie sich nicht verunsichern. Messen Sie, wenn Sie ein Lebensmittel essen, über dessen Blutzuckerwirksamkeit Sie im Unklaren sind, öfter den Blutzucker. Prägen Sie sich die Blutzuckerwirksamkeit ein oder notieren Sie sie sich. Ein Beispiel: In Ihrem Garten gedeihen wunderbare Äpfel. Essen Sie über mehrere Tage zur gleichen Tageszeit einen gleich großen Apfel und verfolgen Sie Ihr Blutzuckerprofil. So können Sie die benötigte Insulinmenge am besten abschätzen.

Beispiel:
Müsliriegel von Seite 34

Gesamtmenge

kJ	kcal	Eiweiß (g)	Fett (g)	KH (g)	BE
14206	3394	87	109	506	42
12331	2947	87	110	392	32.66

Viele Süßungsmittel müssen Sie als Diabetiker genauso berechnen wie herkömmlichen Zucker, z. B. Ur-Süße, Melasse, Rohrohrzucker, Braunzucker, Ahornsirup, Zuckerrohrsaft, Birnendicksaft, Apfeldicksaft oder Honig.

Zucker- und BE-Gehalt von Apfelsorten

Sorte	Geschmack	Zuckergehalt gesamt g/kg	g/BE	BE/100 g
Kaiser Alexander	süß	4,7	255	0,4
Lavanttaler Bananenapfel	süß	19,7	61	1,6
Ilzer Rosen	süß	20,7	58	1,7
Schafnase	süß	22,6	53	1,9
Maschanzker	süß	22,8	53	1,9
Sternrenette	süß	24,59	49	2,0
Gravensteiner	harmonisch	10,5	114	0,9
Jakob Lebel	harmonisch	11	109	0,9
Baumanns Renette	harmonisch	16,6	72	1,4
Berner Rosenapfel	harmonisch	21,3	56	1,8
Kronprinz Rudolf	harmonisch	21,7	55	1,8
Rheinischer Bohnapfel	harmonisch	23,3	52	1,9
Trierscher Mostapfel	sauer	9,1	132	0,8
Boikenapfel	sauer	16,1	75	1,3
Lavanttaler Mostapfel	sauer	17,8	67	1,5
Seiling	sauer	20,3	59	1,7
Plattapfel	sauer	21,7	55	1,8
Grünstettiner	sauer	34	35	2,8
Boskoop	sauer	15	80	1,3
Intensivanbau-Apfelsorten				
Gala		11,6	103	1,0
Elstar		11,6	103	1,0
Idared		11,9	101	1,0
Golden Delicious		13,5	89	1,1
Braeburn		13,6	88	1,1
Jonagold		18,3	66	1,5

weitere Daten auf Anfrage unter www.kernobst.at
Quelle: Journal für Ernährungsmedizin, Nr. 1/2005, 7. Jahrgang, Seite 30 ff.

Weizenallergie, Zöliakie, einheimische Sprue

Weizenallergie

Für die Gesunderhaltung des Körpers ist das Immunsystem verantwortlich. Normalerweise attackiert dieses Immunsystem nur Eindringlinge, die für den Körper schädlich sind, z. B. Schnupfenviren. Bei einer Allergie reagiert das Immunsystem auch auf für den Menschen unschädliche Stoffe, z. B. Pollen oder bestimmte Lebensmittel. Bei einer Weizenallergie eben auf Weizenbestandteile. Allergien, die im Säuglingsalter ausbrechen, haben eine gute Prognose, d. h., sie vergehen in den meisten Fällen wieder.

Wenn Sie betroffen sind, dürfen Sie das Lebensmittel, auf das Sie allergisch reagieren, auf keinen Fall essen. Sonst kann es zu lebensbedrohlichen Symptomen kommen. Suchen Sie einen Facharzt auf. Oft ist durch spezielle Therapien eine Linderung möglich. Weizenallergie ist keine Zöliakie!

Zöliakie und einheimische Sprue?

Bei Zöliakie (Ausbruch im Kindesalter), auch einheimische Sprue (Ausbruch im Erwachsenenalter) genannt, handelt es sich um eine chronische Erkrankung der Dünndarmschleimhaut mit verschiedensten Ausprägungen. Charakteristisch ist die Unverträglichkeit auf einen bestimmten Bestandteil des Getreide-Eiweißstoffes Gluten. Zöliakie ist keine Allergie!

Ausflug in die Welt der Verdauung

Es ist bekannt, dass der ausgebreitete Dünndarm die Fläche eines Fußballfeldes ergibt. Der Grund dafür liegt in der Oberfläche des Dünndarms, die mit unzähligen Zotten, vergleichbar mit kleinen verzweigten Härchen, ausgekleidet ist. Jedes dieser „Härchen" besitzt zahlreiche „Eingangstüren", die die Nährstoffe aus dem Essen vom Darm in das Blut schleusen. Ohne Zotten kann das Essen nicht verwertet werden, der Mensch verhungert.

Bei der Zöliakie werden genau diese Zotten durch das Gluten zerstört. Die einzig derzeit mögliche Therapie liegt im Meiden von Gluten, dadurch erholen sich die geschädigten Darmzotten wieder vollständig. Dass das Meiden von Gluten im Alltag oft sehr schwierig und mühselig ist, davon können Betroffene ein Lied singen.

In welchen Lebensmitteln steckt Gluten?

In Weizen und allen Weizenverwandten und Kreuzungen, wie z. B. Dinkel, Grünkern, Emmer, Einkorn, Kamut, Urkorn und Triticale, Roggen, Gerste, Hafer (wobei
bei Hafer Uneinigkeit besteht).
In allen Lebensmitteln, die mit diesen Getreidesorten hergestellt werden, von
herkömmlichem Brot über Nudeln bis hin zu diversen Speisen, bei denen Gluten
in irgendeiner Form aus technologischen Gründen zugesetzt wird.

Welche Lebensmittel sind glutenfrei?

Unverarbeitete Lebensmittel, wie z. B. Kartoffeln, Hülsenfrüchte, Gemüse, Obst,
Fisch, Eier, Fleisch, Milch, Kastanien, Nüsse, Öl, Honig, Zucker, und die Getreidesorten Reis, Mais, Hirse, Buchweizen, Quinoa und Amaranth. Fragen Sie bei
gekaufter Ware nach, ob das Lebensmittel garantiert nicht mit Gluten in Verbindung gekommen ist, z. B. während der Verpackung.

Woran erkennen Sie glutenfreie Lebensmittel?

Die EU hat ein neues Gesetz zur Kennzeichnungspflicht verabschiedet, das Ihnen
die Suche nach glutenfreien Lebensmittel enorm erleichtern wird. So müssen in
Zukunft alle Lebensmittel hinsichtlich Gluten gekennzeichnet werden.
Das Symbol der durchgestrichenen nach rechts schauenden
Ähre war bisher die einzige Garantie für Glutenfreiheit.

Selbsthilfegruppe

Bei kaum einer Erkrankung finde ich die Mitgliedschaft in
einer Selbsthilfegruppe so enorm wichtig wie bei der Zöliakie. Sie erhalten wertvolle Informationen, von Listen über glutenfreie Lebensmittel bis hin zu Empfehlungen für Urlaubsressorts mit glutenfreier
Küche. Informationen zu Selbsthilfegruppen erhalten Sie bei Diaetologen, bei
Ihrem behandelnden Facharzt oder über das Internet.

Soll ein Nichtbetroffener vorbeugend Gluten meiden?

Nein! Sie erkranken nicht an Zöliakie, wenn Sie viel Gluten essen. Genauso wie
Sie nicht insulinpflichtiger „Zuckerkranker" werden, wenn Sie viel Zucker essen.
Damit eine Krankheit ausbrechen kann, müssen viele Faktoren zusammenspielen.

So weit die Theorie – starten Sie in die Praxis

➤ **Erster und einziger Ansatzpunkt: Essen Sie nur glutenfrei!**

Bei Diagnosestellung können zusätzlich andere Unverträglichkeiten diagnostiziert werden, z. B. eine Milchzuckerunverträglichkeit. Sie fühlen sich besser, wenn Sie auf diese Unverträglichkeiten Rücksicht nehmen und das entsprechende Lebensmittel vorübergehend aus Ihrem Speiseplan streichen. Sobald sich Ihre Darmzotten erholt haben, vergehen diese Unverträglichkeiten von selbst und Sie können und sollen die bis dahin nicht idealen Lebensmittel wieder essen, bis auf Gluten!

Wissenswertes zu den Rezepten aus diesem Buch

Wohlwissend, dass es sich bei Zöliakie und Weizenallergie um zwei komplett unterschiedliche Erkrankungen handelt, ist es doch möglich, mit ein und derselben Rezeptabwandlung ein Gericht zu zaubern, dass von allen Betroffenen verspeist werden kann.

Austauschlebensmittel

Orientieren Sie sich an der **Farbe**. Tauschen Sie die **Zutaten dieser Farbe** aus dem Originalrezept mit den Zutaten aus der Angabe ✂ aus.

Sofern nichts anderes angegeben ist, entspricht die Menge des Austauschlebensmittels der Menge des Originallebensmittels. Z. B. anstatt 100 g Weizen-Vollkornmehl, 100 g Austauschmehl.

Achten Sie bei allen Lebensmitteln darauf, dass sie glutenfrei sind. Auch bei scheinbar glutenfreien Lebensmitteln, wie z. B. bei Hirse, kann aufgrund ungünstiger Produktions- oder Abfüllverfahren eine „Verunreinigung" mit Gluten vorkommen. Fragen Sie im Zweifelsfall beim Hersteller nach!

Nährwertangaben

Die Nährwerte wurden zwar berechnet, aber da sie sich kaum von den Nährwerten der Originalvarianten unterscheiden, erfolgt keine getrennte Darstellung.

Als Austauschlebensmittel wurden in diesem Buch folgende Lebensmittel verwendet:

Lebensmittel	Austauschlebensmittel
Haferflocken	Hirseflocken, geriebene Nüsse, Universalmehl aus dem Handel mit Ballaststoffanteil um 8 g/100g oder Kirchmaier-Universalmehl
Haferkleie	Universalmehl aus dem Handel mit Ballaststoffanteil um 8 g/100g oder Kirchmaier-Universalmehl
Vollkorn-Toastbrot/Mehrkorn-Toastbrot	glutenfreies Körnerbrot, für manche Rezepte eignen sich auch gekochte geriebene Kartoffeln
Nudeln, Teigwaren aus Hartweizen	glutenfreie Nudeln, z. B. Mais-Vollkornnudeln
Roggenschrot	Hirseschrot oder Hirseflocken
Weizenkeime	Leinöl
Weizenmehl, glatt	glutenfreie helle Mehlmischung aus dem Handel
Weizenschrot	Hirseschrot oder Hirseflocken
Weizen-Vollkorngrieß	Maisgrieß, glutenfreier Grieß aus dem Spezialhandel
Weizen-Vollkornbrösel	glutenfreie Brösel oder glutenfreies Brot; Brot in einer Moulinette oder elektrischen Kaffeemühle fein mahlen. **Tipp:** Verwertung von missglücktem hausgemachtem Brot.
Weizen-Vollkornmehl	Universalmehl aus dem Handel mit Ballaststoffanteil um 8 g/100g oder Kirchmaier-Universalmehl. Bei geringen Mehlmengen bis ca. 20 g pro Portion ist ein Austausch durch Sojamehl oder Hirsemehl oder bei etwas deftigeren Speisen durch Maismehl (macht Speisen eher spröde und trocken) möglich. Der im Geschmack eigenwillige Buchweizen ist nur etwas für Buchweizenliebhaber.

Vorsicht bei Backpulver, Senf, Gewürzen, Suppenwürze/-würfel, Puddingpulver, Cornflakes, Früchtetee, Trockenfrüchten. Im Zweifelsfall beim Hersteller nachfragen.

Glutenfreie Lebensmittel enthalten oft sehr wenig Ballaststoffe. Deshalb wurden bei der Auswahl der Ersatzlebensmittel bewusst ballaststoffreiche Lebensmittel bevorzugt.

Tipps für die glutenfreie Küche

Achten Sie auf „glutenfreies Geschirr". Backformen, Schneidbretter, Messer, Töpfe, Brotbehälter usw. dürfen nicht mit glutenhaltigen Resten verunreinigt sein. Wenn Sie für mehrere Personen kochen, dann starten Sie immer mit den glutenfreien Gerichten. Garen Sie glutenfreie Nudeln niemals gemeinsam mit glutenhaltigen.

Fertigmehlmischungen: Bestandteile glutenfreier Fertig-Backmischungen sind
- ➤ glutenfreies Getreide
- ➤ Stärke
- ➤ Verdickungsmittel, z. B. Johannisbrotkernmehl, Guarkernmehl, Apfelfaser
- ➤ div. weitere Zutaten, wie Geschmackszutaten, Backpulver, Milchpulver ...

Glutenfreie Mehle können nicht 1:1 untereinander ausgetauscht werden, da der Stärkeanteil und der Anteil an Verdickungsmitteln unterschiedlich ist und dadurch mehr oder weniger Flüssigkeit benötigt wird.

Mehlmischungen selbst herstellen: Es empfiehlt sich, mehrere Mehlsorten zu mischen, da dann der Geschmack am neutralsten ist.
Kein Maismehl zur Hand? – Mahlen Sie Maisgrieß oder Polenta in der elektrischen Kaffeemühle zu feinem Mehl. Stellen Sie Reismehl und Hirsemehl selbst her. Ganze Körner in einer dafür geeigneten Getreidemühle oder in der elektrischen Kaffeemühle fein mahlen.

Getreidemühle kaufen

Die Anschaffung einer Getreidemühle lohnt sich, bedenkt man, welche großen Preisunterschiede zwischen dem ganzen Korn und dem Mehl bestehen. Fragen Sie beim Kauf von Getreidemühlen nach einer Mühle, mit der Sie auch Reis und Polenta, also Maisgrieß mahlen können. Bitten Sie den Hersteller, dass er Ihre Mühle mit einem glutenfreien Getreide einmahlen soll. Üblicherweise werden Mühlen mit Weizen eingemahlen und somit mit Gluten „verunreinigt"! Kombi-Mühlen mit der Möglichkeit zum Flocken quetschen sind, wenn Sie Suppen, Müslis, Gebäck und Kekse mit Flocken lieben, empfehlenswert.

Glutenfreies zum Schnäppchenpreis: Asia-Shops, Supermärkte und Drogerien bieten ein immer größeres Sortiment an glutenfreien Produkten zu akzeptablem Preis.

Glutenfreies Universalmehl

Zutaten

150 g Buchweizen

100 g Hirse

125 g Polenta oder Maismehl

100 g Sojamehl

25 g Apfelfaser

150 g Maisstärke

35 g Nestargel

100 g Kastanienmehl

40 g Haselnüsse, evtl. schon gerieben

25 g Leinsamen

> Tipp <

Sojabohnen, Haselnüsse und Leinsamen lassen sich in einer elektrischen Kaffeemühle fein mahlen. Apfelfaser können Sie selbst herstellen, indem Sie Äpfel oder Apfelschalen trocknen und die gut getrockneten Äpfel in einer elektrischen Kaffeemühle fein mahlen.

Zubereitung

Alle Zutaten vermengen.

In einem leistungsstarken elektrischen Standmixer oder dem Thermomix auf höchster Stufe fein vermahlen.

Sie können natürlich auch alle Zutaten separat in einer Getreidemühle mahlen.

100 g des glutenfreien Universalmehls enthalten

kJ	kcal	Eiweiß (g)	Fett (g)	KH (g)	BE
1373	328	11	8	53	4,43

10 g Ballaststoffe

Der Ballaststoffanteil entspricht dem eines Weizen-Vollkornmehls. Auch der Kalorien und Eiweißgehalt sind fast identisch. Daher ist es möglich, dass Sie herkömmliches Weizen-Vollkornmehl 1:1 durch dieses glutenfreie Mehl ersetzen können.

✗ **Achtung!** Teige und Gerichte mit einem Mehlanteil von über 50% werden eher schwer und gerne speckig. Mischen Sie für diese Teige ein glutenfreies „Weißmehl" zur Hälfte mit dem glutenfreien Universalmehl.

Maßeinheiten

Liter	Liter	Milliliter	Zentiliter	Deziliter	Gramm
1 l		1000 ml	100 cl	10 dl	1000 g
¾ l	0,75 l	750 ml	75 cl	7,5 dl	750 g
½ l	0,5 l	500 ml	50 cl	5 dl	500 g
⅜ l	0,375 l	375 ml	37,5 cl	3,75 dl	375 g
⅓ l = 1 Seidl	0,33 l	0,333 ml	33,3 cl	3,33 dl	333 g
¼ l	0,25 l	250 ml	25 cl	2,5 dl	250 g
³⁄₁₆ l	0,18 l	187,5 ml	18,75 cl	1,875 dl	187,5 g
⅛ l	0,13 l	125 ml	12,5 cl	1,25 dl	125 g
¹⁄₁₀ l	0,1 l	100 ml	10 cl	1 dl	100 g
¹⁄₁₆ l	0,06 l	62,5 ml	6,25 cl	0,625 dl	62,5 g
entspricht einem Doppler		40 ml	4 cl		40 g
entspricht 1 Schnapsstamperl		20 ml	2 cl		20 g
		10 ml	1 cl		10 g

100 ml entsprechen bei den gängigen Flüssigkeiten 100 g oder 10 dag

Kilogramm	Kilogramm	Dekagramm	Gramm	Pfund	Milliliter
1 kg		100 dag	1000 g	2 Pfund	1000 ml
¾ kg	0,75 kg	75 dag	750 g	1 ½ Pfund	750 ml
½ kg	0,5 kg	50 dag	500 g	1 Pfund	500 ml
¼ kg	0,25 kg	25 dag	250 g	½ Pfund	250 ml
⅛ kg	0,125 kg	12,5 dag	125 g	¼ Pfund	125 ml
	0,1 kg	10 dag	100 g		100 ml
		1 dag	10 g		10 ml

Frühstück und Jause

Salate

Suppen

Beilagen

Gemüse, Kartoffeln, Nudeln & Co.

Süße Hauptspeisen und Desserts

Gesundheits- und Zubereitungstipps von A bis Z

Kochkurse, Vorträge, Workshops, ernährungsmedizinische Therapie ... – erkundigen Sie sich
nach den aktuellen Terminen oder wir organisieren einen Kurs in Ihrem Ort!

Angelika Kirchmaier
Diätologin, Gesundheitswissenschafterin i. A.,
ORF Radio Tirol Ernährungsexpertin,
Fachhochschullektorin, Köchin

Praxis für ernährungsmedizinische Beratung und Therapie
Schauküche
Lindrainweg 64
A-6361 Hopfgarten/Tirol
http://www.angelika-kirchmaier.at